Gemeinsame europäische Außen- und Sicherheitspolitik

Ulrich Rosengarten

Gemeinsame europäische Außen- und Sicherheitspolitik

Illusion oder Realität?

PETER LANG

Bibliografische Information der Deutschen Nationalbibliothek
Die Deutsche Nationalbibliothek verzeichnet diese Publikation
in der Deutschen Nationalbibliografie; detaillierte bibliografische
Daten sind im Internet über http://dnb.d-nb.de abrufbar.

ISBN 978-3-631-85758-8 (Print)
E-ISBN 978-3-631-85759-5 (E-PDF)
E-ISBN 978-3-631-85760-1 (EPUB)
E-ISBN 978-3-631-85761-8 (MOBI)
DOI 10.3726/b18543

© Peter Lang GmbH
Internationaler Verlag der Wissenschaften
Berlin 2021
Alle Rechte vorbehalten.

Peter Lang – Berlin · Bern · Bruxelles · New York ·
Oxford · Warszawa · Wien

Diese Publikation wurde begutachtet.

www.peterlang.com

Meiner Frau Martina schulde ich herzlichen Dank für die Geduld und Anastasia Kunkel für ihre tatkräftige Unterstützung.

Inhaltsverzeichnis

I. Einleitung

Wachsende weltpolitische und weltwirtschaftliche Probleme, welche auch Europa zunehmend belasten, zeigen nachdrücklich die Notwendigkeit einer gemeinsamen funktionierenden europäischen Außen- und Sicherheitspolitik. In der europäischen Öffentlichkeit wird angesichts des Rückzugs des lange Zeit hilfreichen Hegemons USA aus dem europäischen und nahöstlichen politischen Einflussbereich die Forderung nach gesamteuropäischen Strategien zur Gewinnung von mehr Stabilität in und um Europa lauter. Krisen in den der EU benachbarten und für sie wichtigen Ländern und Regionen, wie Ukraine, Syrien, Libyen und dem Maghreb, sowie einigen afrikanischen Staaten erfordern in der Tat gemeinsame Zielsetzungen und die Bereitstellung gemeinsamer Mittel zur Realisierung einer gemeinsamen europäischen Außenpolitik. Bundeskanzlerin Merkel bezeichnete eine solche Außenpolitik zu Recht als „notwendig", um etwa „gegenüber Herausforderungen seitens Chinas und Russlands reagieren zu können".

Die historische Herausforderung an die EU, die Union der europäischen Staaten verstärkt zu weltpolitischem Handeln zu bewegen, bedeutet nicht unbedingt den Zwang zu mehr Integration oder rascherer Erweiterung im Sinne eines „Widening first", wie sie gegenwärtig in der EU für die Länder des sogenannten Westbalkan propagiert wird. Bei einer derartigen Politik würde die Gefahr einer Überdehnung übersehen, die angesichts ihrer gegenwärtigen politischen und wirtschaftlich-finanziellen Belastung durch Brexit und Corona-Krise die EU bedroht. Auch die von der deutschen Diplomatie wiederholt ins Spiel gebrachte „Europäisierung" etwa des französischen Sitzes im UNO-Sicherheitsrat dürfte kaum größere, nach außen sichtbarere europäische außen- und sicherheitspolitische Geschlossenheit aufzeigen. Das oft unterschiedliche Stimmverhalten der Europäer im Sicherheitsrat wird nach wie vor letztlich von ihren jeweiligen nationalen Interessen bestimmt.

Als zentrale und bedrückende Frage europäischer außenpolitischer Gemeinsamkeit hat sich seit 2015 der Schutz der europäischen Außengrenzen gegen illegale Flüchtlings- und Migrationszuwanderung durch Abkommen mit Drittstaaten des Nahen Ostens wie der Türkei und Libyen in den Vordergrund der europäischen außenpolitischen Debatte geschoben. Es wurde deutlich, dass ein derartiger Schutz – unerlässlich für den Erfolg einer realistischen Flüchtlings- und Migrationspolitik – nicht allein durch europäische polizeiliche oder militärische Sperrmaßnahmen, wie Frontex, zu erreichen sein wird, sondern nach diplomatischen Lösungen mit den Herkunfts- und Passageländern verlangt.

Auch die von Russland initiierte Ostukraine-/Krim-Krise und die sich neuerdings stellende Frage zu unserer bisher soliden transatlantischen Partnerschaft machen eine einheitliche europäische Strategie nach außen zwingend notwendig. Dies umso mehr, als die Verweigerungshaltung einer Reihe ost-/mitteleuropäischer Staaten gegenüber einer außenpolitischen Steuerung durch „Brüssel" in der Flüchtlings- und Migrationsfrage, verbunden mit den diesen zufließenden Milliarden-Infrastrukturhilfen Chinas, zu einer Spaltung zwischen Ost-/Mitteleuropa und dem traditionellen westlichen Kern der EU zu führen droht.

Die bisherigen Ansätze für mehr Gemeinsamkeit in der europäischen Außenpolitik haben gewisse Rückschläge überstanden – etwa 2018 in der britisch-russischen Krise wegen der sogenannten Skripal-Affäre (russischer Giftgasanschlag in Großbritannien). Trotz der von Großbritanniens Premierministerin May beschworenen europäischen Solidarität gegenüber Russland war anfangs nur die Hälfte der 28 Mitgliedstaaten der EU zur Ausweisung russischer Diplomaten bereit. Unsolidarisch verhielten sich – vorwiegend aus wirtschaftlich-finanziellen Erwägungen – Belgien, Griechenland, Malta, Österreich, die Slowakei, Slowenien und Zypern.

Vergeblich war ein struktureller Reformversuch von Kommissionspräsident Juncker beim Europäischen Rat im März 2018, in der EU-Außenpolitik die Mehrheitsabstimmung an Stelle des bisher geltenden Einstimmigkeitsprinzips durchzusetzen. Er scheiterte am nachhaltigen Widerstand der Mitgliedstaaten. Von einer „gemeinsamen europäischen Außenpolitik" kann im Hinblick auf das Fortbestehen ihrer strukturellen Hauptschwächen, der Blockierung gemeinsamer Positionen durch das Veto nationaler Interessen bis heute kaum zutreffend gesprochen werden. Auch die Übernahme der Kommissionspräsidentschaft der EU durch Ursula von der Leyen hat 2020 bisher keine neuen Reformimpulse für die gemeinsame Außen- und Sicherheitspolitik (GASP) und Ansätze zu einer europäischen Sicherheits- und Verteidigungspolitik (ESVP) ausgelöst. 2020/2021 wurde die Lage der

Union vielmehr weitgehend durch die negative öffentliche Resonanz auf angebliche Mängel in der Eindämmung der Covid19-Pandemie durch die EU beeinflusst.

Die bisher geringfügigen haushaltspolitischen Ansätze für den Bereich „gemeinsame europäische Außenpolitik" (GAP) in der neuen Finanzplanung der EU für die Jahre 2021 bis 2027 zeigen eine eher geringe Wertschätzung der Europäischen Kommission für das wichtige außenpolitische Instrument[1]. Haushaltstechnische Fortschritte im Bereich einer „europäischen Verteidigung", wie sie neuerdings zu verzeichnen sind, können eine Vernachlässigung des Schlüsselbereichs „europäische Außenpolitik" nicht kompensieren, auch wenn sie im Hinblick auf die geopolitisch schwierige Situation Europas gegenüber großen Konfliktherden durchaus angemessen erscheinen. Eine europäische Außenpolitik ist auf Dauer undenkbar ohne eine europäische Sicherheitspolitik.

---

1 So sollen die Mittel für die GASP nach dem MFR-Vorschlag der Kommission für die Jahre 2021 bis 2027 um rund 5 Prozent gekürzt werden (vgl. Jahrbuch S. 215 f).

II. Entwicklung einer europäischen Außen- und Sicherheitspolitik

1. Erste Ansätze

Die parallel zur Europäischen Wirtschaftsgemeinschaft (EWG) nach Gründung der Europäischen Gemeinschaft für Kohle und Stahl entwickelten Projekte eines Vertrags über die Europäische Politische Gemeinschaft (EPG) und die Europäische Verteidigungsgemeinschaft (EVG) scheiterten 1954 an der ablehnenden Haltung der französischen Nationalversammlung.

Das ungünstige internationale Umfeld, insbesondere das Scheitern der französischen Kolonialpolitik mit der militärischen Niederlage Frankreichs in Indochina, sowie die sich seit 1950 mit dem Koreakrieg verschärfenden Ost-West-Spannungen hatten insbesondere die EVG blockiert. Größere Bedeutung hatten die französischen – von Präsident de Gaulle inspirierten – Fouchet-Pläne[2] der Jahre 1961/62, die letztlich auf die intergouvernementale Zusammenarbeit der beteiligten europäischen Staaten, auf ein „Europa der Vaterländer" unter Ausschluss der Supranationalität abzielten. Auch dieser – durchaus weitsichtige – Versuch einer „Staatenunion mit gemeinsamer Außen- und Verteidigungspolitik" blieb ohne Erfolg, da die Beneluxstaaten ihn mit dem Beitritt Großbritanniens verknüpften, der von Präsident de Gaulle wegen möglicher Verminderung des französischen Führungsanspruchs in Europa abgelehnt wurde.

2. Europäische Politische Zusammenarbeit (EPZ)

Diese war seit ihrem Start vom Pragmatismus der Teilnehmerstaaten geprägt. Sie gründete nicht auf vertraglichen Bindungen ihrer Mitgliedstaaten, sondern auf deren gegenseitigen politischen Verpflichtungen. Seit der Grundsatzentscheidung der Staats- und Regierungschefs beim Haager Gipfel von 1969, der die politische Zusammenarbeit der interessierten Länder der Gemeinschaft erstmals stipulierte, wurde die Europäische Politische Zusammenarbeit (EPZ) schrittweise durch Beschlüsse der Außenminister

---

2   Christian Fouchet (1911–1974), französischer Botschafter.

der damaligen sechs und später neun Mitgliedstaaten der EWG konkretisiert. An ihr beteiligt waren Deutschland, Frankreich, Italien, Belgien, die Niederlande, Luxemburg, Dänemark, Großbritannien und Irland – oft unter dem Kürzel „die Neun" subsumiert. Als erster konkreter Schritt zur Präzisierung der pragmatischen Elemente der außenpolitischen Zusammenarbeit war bereits 1970 der „Luxemburger Bericht" der Außenminister erfolgt. Dieser legte fest, dass die in ihm vereinbarte Informations- und Konsultationsverpflichtung auf „alle wichtigen Fragen der Außenpolitik" und auf jede beliebige von einem Mitgliedstaat vorgebrachte Frage Anwendung finden sollte[3].

Die EPZ wurde von der EWG und der an ihr beteiligten Mitgliedstaaten von ihrem Beginn an als koordinierte Diplomatie für nationale Zwecke, nicht mehr aber auch nicht weniger, verstanden. Rechtlich agierte die EPZ zwar außerhalb des vertraglichen Rahmenwerks der Gemeinschaft, bildete jedoch ein zentrales und daher wichtiges Element der europäischen Außenbeziehungen. Das stürmische internationale Umfeld der Jahre 1969 bis 1973 mit großen außenpolitischen Herausforderungen, wie dem ägyptisch-israelischen Oktoberkrieg (1973), der sich anschließenden Erdölkrise im Nahen Osten und dem KSZE-Verhandlungsprozess mit der Sowjetunion zwang zu einer außenpolitischen Selbstbesinnung und Selbstbestimmung der in der EWG wirtschaftlich integrierten europäischen Nationalstaaten. Die damaligen Mitgliedstaaten hielten daher die Zeit für die Bestimmung ihrer europäischen Identität für gekommen, mit der sie ihre Beziehungen zu anderen Ländern der Welt sowie ihre Verantwortlichkeiten und ihren Platz in der Weltpolitik verdeutlichen wollten. So heißt es in der Identitätserklärung von 1973 im Sinne eines gemeinsamen, koordinierten außenpolitischen Handelns der damals neun Mitgliedstaaten, dass in der Vergangenheit die europäischen Länder auf der internationalen Bühne einzeln eine bedeutende Rolle spielen konnten. Heute aber sähen sie sich weltpolitischen Problemen gegenüber, die sie schwerlich allein lösen könnten. Die in der Welt eingetretenen Veränderungen und die wachsende Zusammenballung von Macht und Verantwortung in den Händen ganz weniger Großmächte verlangten,

---

3   Vgl. Europäische Politische Zusammenarbeit EPZ, eine Dokumentation der Bundesregierung, Bonn 1978.

dass Europa sich zusammenschließe und mehr und mehr mit einer einzigen Stimme spreche, wenn es sich Gehör verschaffen und die ihm zukommende weltpolitische Rolle spielen wolle.

Auch der zukunftsweisende Tindemans-Bericht[4] machte deutlich, dass das Europa der Neun sich der weltpolitischen Verpflichtungen bewusst sei, die ihm aus seiner Einigung erwüchsen. Tindemans ging davon aus, dass die europäische Einigung ohne den Faktor der gemeinsamen Außenpolitik nicht vollkommen sei. Nicht die Gemeinschaft als solche, sondern ihre Mitgliedstaaten sollten in ihrer Gesamtheit außenpolitisch aktiv werden, da die Definition der Außenpolitik nach klassischer Staatsrechtslehre mit dem Begriff der Staatlichkeit verbunden sei. Als Aktionsfeld europäischer Außenbeziehungen fokussierte die Identitätserklärung weitreichend neben der Außen- auch auf eine europäische Sicherheitspolitik, einschließlich verteidigungspolitischer Fragen. Wenn es auch gegenwärtig keine Alternative zu den von den amerikanischen Kernwaffen und der Präsenz der amerikanischen Streitkräfte in Europa gewährleisteten Sicherheit gebe, stimmten die Neun (soweit Mitglieder der NATO) darin überein, dass Europa angesichts seiner relativen militärischen Verwundbarkeit, wenn es seine Unabhängigkeit bewahren wolle, seine Verpflichtungen einhalten und in ständigen Anstrengungen darauf bedacht sein müsste, über eine angemessene Verteidigung zu verfügen. Der Tindemans-Bericht ging über die europäische Identitätserklärung noch insoweit hinaus, als er die Einrichtung eines gemeinsamen außenpolitischen Entscheidungszentrums für eine vertraglich festgelegte gemeinsame Außen- und Wirtschaftspolitik vorschlug. Im Bereich der EPZ müssten sich – so Tindemans – die an ihr beteiligten Staaten einer Situation anpassen, wo gemeinsames Handeln, also mehr agieren als nur reagieren, im außenpolitischen Bereich häufig sein würde. Die Außenminister der Neun sollten dafür sorgen, dass der bestehende Apparat mit dieser Zielsetzung vervollständigt werde. Bereits die Identitätserklärung sah Europa als „eigenständiges Ganzes". Die nationalen Außenpolitiken der europäischen Einzelstaaten der Gemeinschaft müssten sich daher in ihren bilateralen Kontakten mit anderen Ländern in steigendem Maße auf

---

4   Vom damaligen belgischen Premierminister Leo Tindemans (1922–2014) 1975 den Staats- und Regierungschefs der EWG vorgelegter Bericht zu einer europäischen Union (Bulletin des Communautés européennes, Sup. 1/76).

miteinander festgelegte gemeinsame Positionen stützen können. Tindemans hielt eine Koordinierung für notwendig, um unterschiedliche außenpolitische Kurse zu vermeiden: die europäische Identität würde in der Welt nicht anerkannt, wenn die europäischen Staaten manchmal gemeinsam aufträten, dann aber wieder Uneinigkeit zeigten. Ein wichtiger Schritt zur Koordinierung der außenpolitischen Zusammenarbeit der damals Neun mit dem Ziel der Gestaltung einer gemeinsamen europäischen Außenpolitik war bereits der „Kopenhagener Bericht" der Außenminister von 1973. In diesem wurden Verbesserungen für das praktische Vorgehen der EPZ vorgesehen und dabei das Ziel der EPZ-Konsultationen auf gemeinsame Linien in konkreten Fällen ausgerichtet. Im Oktober 1981 folgte der „Londoner Bericht" der Außenminister, der unter anderem eine Kooperation der Botschaften in Drittstaaten vorsah.

Als ein wichtiges Element für die Ausgestaltung einer gemeinsamen koordinierten Außenpolitik der Mitgliedstaaten der EWG erwiesen sich ferner die Beschlüsse des Gipfeltreffens der Neun vom Dezember 1974. Hier bekräftigten die Regierungschefs erneut ihren Willen, in allen Bereichen der internationalen Politik, die die Interessen der Gemeinschaft berührten, zunehmend gemeinsame Positionen festzulegen und eine abgestimmte Diplomatie zu betreiben. Die Präsidentschaft nehme die Rolle des Sprechers der Neun wahr und trete auf diplomatischer Ebene für sie ein. Sie habe dafür Sorge zu tragen, dass die erforderliche Abstimmung stets rechtzeitig stattfinde. Damit war erstmals die Außenvertretung des EPZ-Instruments durch die jeweilige Präsidentschaft festgelegt worden. So wurden von 1970 bis 1974 in drei großen Schritten die organisatorischen Grundlagen für den koordinierten Verbund gemeinsamer europäischer Außenpolitik in Gestalt der Europäischen Politischen Zusammenarbeit geschaffen. In Gestalt gemeinsamer Kommuniqués und der von den seinerzeit neun Außenministern verabschiedeten Berichte ergab sich die Verpflichtung der beteiligten Mitgliedstaaten der Gemeinschaft zur außenpolitischen Zusammenarbeit und entsprechender Ausgestaltung ihrer Außenbeziehungen. Die offensichtliche Schwäche dieses Verfahrens lag in der fehlenden vertraglichen Basis der EPZ und damit einer festen rechtlichen Bindung und Verpflichtung. Eine administrative Zentraleinrichtung in Form eines Sekretariats, die bereits aus technischen Gründen notwendig gewesen wäre, fehlte, wenn auch die COREU-Verbindung aller beteiligten Außenministerien ein rasches

gemeinsames Handeln ermöglichte. Das Tauziehen um die Institutionalisie-
rung eines solchen EPZ-Sekretariats, das gewissermaßen ein europäisches
Außenministerium präfiguriert hätte, wurde durch internen Streit, ob es in
Paris oder Brüssel angesiedelt werden sollte, auf unbestimmte Zeit verscho-
ben. Ungeachtet der hier fehlenden rechtlichen Verpflichtung gelang es der
EPZ allerdings in den außenpolitisch bewegten 1970er und 1980er Jahren
insbesondere im Nahost-Konflikt, in der Mittelmeerregion, in Afghanistan
und Polen das politische Gewicht des Europas der Neun durch gemeinsames Vorgehen zur Geltung zu bringen. Seit dem Kopenhagener Bericht
fanden schließlich viermal im Jahr regelmäßige Außenministertreffen der
an der EPZ beteiligten Staaten statt, das erste jedoch bereits am 01. und
19. November 1970 in München mit dem konkreten Ergebnis einer gemeinsamen Haltung der EPZ zum – dornigen – Nahost-Konflikt, die mit der
später im Juni 1980 abgegebenen Erklärung von Venedig ihren außenpolitischen Niederschlag fand[5]. In dieser Erklärung der Staats- und Regierungschefs der EWG war der Grundsatz verankert, dass das palästinensische Volk
in die Lage versetzt werden müsse, sein Selbstbestimmungsrecht in einer
umfassenden Friedensordnung voll auszuüben.

Zwischen den zunächst neun Ländern der Europäischen Wirtschaftsgemeinschaft hatte sich mit der EPZ eine Art Gewohnheitsrecht herausge-
bildet, das von allen Teilnehmern anerkannte Regelungen respektierte, die
wenn auch mitunter nicht eingehalten, doch letztlich in der Behandlung
außenpolitischer Fragen weitgehend anerkannt wurden. Die Diplomatie
aller Teilnehmer stand damit unter einem starken Druck, der sicherstellte,
dass die Neun mit einer Stimme sprachen und damit Uneinigkeit vermieden
wurde. Allerdings wurde bis in die 1980er Jahre auch die entscheidende
Schwäche der EPZ – das Fehlen einer rechtlichen Bindung zur Gestaltung
einer gemeinsamen Außen- und Sicherheitspolitik der Neun – von den Mitgliedstaaten nicht korrigiert. Vorschläge zur Erneuerung und gegebenenfalls
Ergänzung der politischen Verpflichtung zur außen- und sicherheitspolitischen Zusammenarbeit reichten hierfür nicht aus, wenn sich auch vielfach
das gemeinsame Vorgehen, verkörpert durch das Handeln der jeweiligen
Präsidentschaft, als außenpolitisch wirkungsvoll erwies. In der Folgezeit

---

5   Vgl. Bernd von Staden, S. 118.

vermochten es die EG/EU und ihre Mitgliedstaaten nicht, etwa im Nahost-Konflikt an die konstruktive europäische Erklärung von Venedig anzuknüpfen und damit dem einmal erklärten Ziel der Zwei-Staaten-Lösung für Israel/Palästina politische Substanz zu verleihen. In der späteren langjährigen Syrien-Krise war dann die auswärtige Gewalt des „Europas der 28" kaum präsent. Kommissionpräsident und Rat beschränkten sich – gemeinsam mit der UNO – auf „humanitäre Aktionen" und überließen Syrien dem internationalen Mächtespiel einer „Realpolitik", wie sie insbesondere von Russland, Iran, der Türkei, Assad und den USA betrieben wurde.

Die EPZ agierte zwar in großen weltpolitischen Brennpunkten, etwa den Konflikten im Nahen und Mittleren Osten, im Spannungsfeld Osteuropa/Sowjetunion, in der Mittelmeerregion sowie in Afrika, und äußerte sich in der UNO zu Menschenrechten und Abrüstung. Sie hielt sich jedoch über zwei Jahrzehnte hindurch sorgfältig an ihre vereinbarten Zuständigkeiten, was sowohl das Einbringen neuer Konsultationsthemen durch ihre Mitglieder wie auch die Konfrontation mit überraschenden weltpolitischen Entwicklungen (wie etwa dem Staatsstreich in Polen 1981) erschweren oder sogar unmöglich machen musste. Routinemäßige außenpolitische Stellungnahmen (ohne größere politische Konsequenzen) blieben daher oft die Regel. Organisatorische Verbesserungen, wie die zunehmende Bedeutung von Erklärungen der jeweiligen Präsidialmacht und die Einführung des sogenannten Troika-Modells in Form der Einbeziehung der vor und nach der jeweiligen Präsidialmacht als solche tätigen Mitgliedstaaten in den Aufgabenbereich der amtierenden Präsidentschaft, änderten am Bild eines außenpolitisch Deklarationspolitik ausübenden EPZ-Verbunds ohne rechtliche Verbindlichkeit der entsprechenden Erklärungen über deren politische Stellungnahme hinaus wenig. Die letztlich mangelnde außenpolitische Durchschlagskraft der EPZ zeigte sich drastisch in der ihr gegenüber eher herablassenden Haltung der doch eng verbündeten US-Administration, die in der angeblichen Äußerung von Außenminister Henry Kissinger gipfelte, er suche noch die europäische Telefonnummer, die er in außenpolitischen Krisenfällen kontaktieren könne. Dennoch ist es dem EPZ-Verbund der Neun gelungen, in weltpolitisch wichtigen Fragen durch ihre Präsidialmacht in den UNO-Vollversammlungen mit einer Stimme europäische Standpunkte zu vertreten und in wichtigen weltpolitischen Bereichen abgestimmte europäische Positionen zur Geltung zu bringen. Auch erwies sich die EPZ angesichts der durch Großbritannien verursachten internen Krise der EWG als politische Klammer europäischen Zusammenhalts.

Mit zunehmendem wirtschaftlichem und politischem Gewicht der Gemeinschaft und dem weltpolitischen Umbruch in den 1990er Jahren erwies sich jedoch die in der EPZ geübte außenpolitische Aktivität europäischer Staaten als unzureichend. Partner und Gegner der EPZ vermissten eine konsequente politische Umsetzung der angestoßenen politischen Prozesse in Form konkreter Lösungen. Immerhin gelang es der EPZ durch ihre pragmatisch geprägte Politik mit gemeinsamer Konferenzdiplomatie etwa bei der KSZE und den Versuch einer Stabilisierung in Nahost sowie in Südafrika ein gewisses außenpolitisches Profil Europas zu entwickeln, auch wenn angesichts weiter dominierender einzelstaatlicher Interessen grundlegende Konfliktlösungen von der EPZ weder erwartet noch geleistet werden konnten. In der Erkenntnis dieser der EPZ innewohnenden Schwächen hatten sich die Außenminister Deutschlands und Italiens (Genscher und Colombo) bereits 1981 initiativ im Vorfeld des Maastrichter Unionsvertrags für ein kohärentes Handeln von EWG und EPZ ausgesprochen[6]. Hierfür sprachen gravierende außenpolitische Ereignisse, wie die Besetzung Afghanistans durch sowjetisches Militär und die hierdurch ausgelöste Destabilisierung der nah- und mittelöstlichen Krisenregion und in Osteuropa die durch den Staatsstreich General Jaruzelskis in Polen im Dezember 1981 dort aufgezeigte politische und wirtschaftliche Instabilität.

Die – nunmehr seit 1973 zwölf – Mitgliedstaaten des EPZ-Verbunds mussten hieraus die Konsequenz ziehen, die Gefahr einer außen- und sicherheitspolitischen Bedrohung Europas einzugrenzen. Es zeigte sich, dass die EPZ der zehn noch nicht über ein kraftvolles außen- und sicherheitspolitisches Instrumentarium verfügte, das neben dem wirtschaftlichen und finanziellen Gewicht der Gemeinschaft auch den sich stellenden außenpolitischen Herausforderungen voll entsprechen konnte. Wenn auch die EPZ in den zehn Jahren ihres Bestehens zu einem nicht unbeachtlichen Akteur der internationalen Politik geworden war, bedurfte der außenpolitische Pfeiler der europäischen Konstruktion einmal einer effizienteren Koppelung mit dem wirtschaftlichen Instrumentarium der EWG, auf das zur effektiven

---

6　Vgl. Die Genscher-Colombo-Initiative, S. 129 ff.

Durchsetzung europäischer außenpolitischer Ziele nicht verzichtet werden konnte. Auch der deutsch-französische Motor der Regierungs- bzw. Staatschefs Kohl und Mitterrand vermochten es letztlich nicht, der EPZ kräftige, neue Impulse zu verleihen. Wichtig war aber auch eine Reform der EPZ selbst, um anstatt der von ihr geübten Deklarationsphilosophie eine wirkliche europäische gemeinsame Außenpolitik in Verbindung von EPZ und Sicherheitspolitik durchzusetzen. Diese Zielsetzung fand ihren Niederschlag in der deutsch-italienischen Initiative zur Stärkung der EPZ zu Beginn der 1980er Jahre im Vorfeld des Maastrichter Unionsvertrags, der am 1. November 1993 in Kraft trat. So hatten die deutsch-italienischen Vorschläge, die mit dem Vertrag von Maastricht weitgehend verwirklicht werden konnten, institutionell die Stärkung der Rolle der jeweiligen EPZ-Präsidentschaft, eine enge Zusammenarbeit der diplomatischen Vertretungen der zehn EPZ-Mitglieder in Drittländern und eine Verstärkung der Kontakte mit Drittländern vorgesehen, um das Gewicht der Gemeinschaft besser zum Tragen zu bringen. Zu den Zielen der deutsch-italienischen Initiative zählte, durch eine „gemeinsame Außenpolitik" ein gemeinsames Auftreten und Handeln der damals zehn Mitgliedstaaten in Außenbeziehungen zu ermöglichen. Europa sollte damit zunehmend die weltpolitische Rolle übernehmen, die ihm Kraft seines wirtschaftlichen und politischen Gewichts zustand. Das originäre Konzept der Initiative zielte auf eine Umwandlung der EPZ in eine echte gemeinsame Außenpolitik der Mitgliedstaaten. Die bisher vielfach deklaratorische Vermittlung der Positionen der EPZ sollte nunmehr unter Zurückstellung rein nationaler Positionen durch substanzielleres außenpolitisches Vorgehen ersetzt werden. Eine Festschreibung der außenpolitisch führenden Rolle der EPZ sollte durch Verpflichtung jedes Mitgliedstaats erreicht werden, seine abschließende Position in wichtigen weltpolitischen, die Mitgliedstaaten als Ganzes interessierenden Fragen nur nach vorausgehender Konsultierung der anderen Partner festzulegen. Bei den Beratungen der Zehn über das Konzept der deutsch-italienischen Reformen der gemeinsamen Außenpolitik war jedoch erhebliche Zurückhaltung einiger Mitglieder der Gemeinschaft gegenüber einer strukturellen inhaltlichen Stärkung der EPZ festzustellen. Lang dauernde Diskussionen, die bis zum Maastrichter Unionsvertrag andauern sollten, zeigten grundlegende Meinungsverschiedenheiten zwischen einer Reihe von Mitgliedstaaten, die ihre außenpolitische Aktivität ausweiten und hierfür institutionalisieren wollten, und einer Minderheit von Mitgliedstaaten der EPZ, die über die vorgegebene Struktur und damit den Status quo nicht hinausgehen wollten. Die Zielsetzung einer „gemeinsamen Außenpolitik" stieß insbesondere auf den Widerstand der nationalen Traditionen stark verbundenen Partnerstaaten Frankreich, Griechenland und Dänemark. Für diese divergierende Haltung in der Grundsatzfrage der Verbindung nationaler Außenpolitiken zu einer europäischen außenpolitischen Identität gab es eine Reihe aus nationaler Sicht wichtiger Gründe, wie die unterschiedlichen Positionen in der Nahost-Frage oder das locker abgestufte Verhältnis Frankreichs zur NATO-Integration. Wenn auch eine „Vergemeinschaftung" der Außenpolitik – über die EPZ hinausgehend – mit der deutsch-italienischen Initiative nicht erreicht werden konnte, so wurde doch in den von den Außenministern der Zehn erreichten Kompromissformulierungen deutlich, dass sich hier eine Tendenz in Richtung auf eine gemeinsame europäische Außenpolitik abzeichnete. Immerhin erreichte die Initiative mit der feierlichen Deklaration des Europäischen Rats Stuttgart (19.6.1983) bereits für den Bereich der europäischen Außen- und Sicherheitspolitik eine tendenzielle Bestätigung des Ziels der „gemeinsamen Außenpolitik" mit einer strukturellen Stärkung der EPZ sowie auch eine Einbeziehung der politischen und wirtschaftlichen Aspekte der Sicherheit. Der Unionsvertrag von Maastricht sicherte endlich die seit langem erforderlichen Grundlagen für die EPZ und damit eine sich entwickelnde europäische Außenpolitik.

3. Der Vertrag von Maastricht (1993)

Der Vertrag von Maastricht bedeutete, neben anderen strukturellen europapolitischen Fortschritten, einen großen Schritt vorwärts auf dem schwierigen Weg zur umfassenden gemeinsamen europäischen außen- und sicherheitspolitischen Zusammenarbeit. So wurde die längst überfällige Entscheidung der Mitgliedstaaten der EG getroffen, für die EPZ die Schaffung eines ständigen Sekretariats in Brüssel vorzusehen, das zur technischen Unterstützung für die jeweilige Präsidentschaft und damit gewissermaßen als Keimzelle eines europäischen Außenamts bestimmt war. Die Treffen der Außenminister der EPZ-Partner sollten, wie auch die Sitzungen der EPZ-Arbeitsgruppen, künftig in Brüssel stattfinden. Schließlich sah der Vertrag von Maastricht eine Reform mit der „Europäischen Union" als Dach für

EG und EPZ vor. Neben die Zusammenarbeit auf den Gebieten Inneres und Justiz trat nunmehr die Gemeinsame Außen- und Sicherheitspolitik (GASP). Die Zusammenarbeit der Mitgliedstaaten der EG im Bereich der Außen- und Sicherheitspolitik und der Umgestaltung zu einer gemeinsamen europäischen Außenpolitik erhielt durch den Unionsvertrag von Maastricht einen wichtigen Impuls, 22 Jahre nach dem 1970 begonnenen ersten Versuch außenpolitischer Zusammenarbeit der dazu entschlossenen Partnerstaaten. Der am 7. Februar 1992 unterzeichnete und am 1. November 1993 in Kraft getretene Vertrag sah die Ersetzung der EPZ durch eine Gemeinsame Außen- und Sicherheitspolitik als „zweite Säule" der Europäischen Gemeinschaft vor. Das bestehende Sekretariat der EPZ wurde in das Ratssekretariat der EG einbezogen und einem Generaldirektorat für außenpolitische Angelegenheiten der Kommission untergeordnet und damit dem Kommissar für auswärtige Beziehungen. Dieser sollte gewissermaßen als eine Art europäischer Außenminister agieren. Der Handlungsspielraum der bisherigen EPZ in der auswärtigen Politik wurde über das bisher reichlich verwandte Instrument der Deklarationen zu aktuellen internationalen Fragen um die „gemeinsamen Aktionen und die gemeinsamen Positionen" erweitert, was die europäische Außenpolitik zweifellos realitätsbezogener gestalten musste.

Beide neuen Instrumente wurden zwar in ihren Inhalten im Unionsvertrag von Maastricht nicht näher erläutert, die gemeinsamen Aktionen erwiesen sich jedoch als kräftigste Handlungsinstrumente der GASP und damit wichtige Neuregelung des Maastrichter Vertrags[7]. Erneut machten aber die europäischen Partnerstaaten im außenpolitischen Bereich sehr deutlich, dass wie bisher ihre „Entscheidungen in wesentlichen Sachfragen" nur im Konsens getroffen werden sollten. Damit erbrachte auch der Maastricht-Vertrag keine Änderung der traditionellen, auf Unabhängigkeit in der außenpolitischen Entscheidungsgewalt gerichteten Positionen der

---

7   Sie sind als Rechtsakte Vereinbarungen zu gemeinsamem, für alle Mitgliedstaaten bindendem außenpolitischem Handeln, etwa zur Durchführung von EU-Krisenoperationen. So wurde eine gemeinsame Aktion 2004/847 GASP in Kinshasa (DR Kongo) betreffend die integrierte Polizeieinheit EUPOL „Kinshasa" (ABl. L367 vom 14.12.2004, S. 30) durchgeführt, ferner die gemeinsame Militäraktion 2008/851 GASP vom 10.11.2008 zur Bekämpfung von bewaffneten Raubüberfällen vor der Küste Somalias (ABl. L301 vom 12.11.2008, S. 33–37).

Mitgliedstaaten. Jeder Partnerstaat behielt sich das Recht vor, gemeinsame Initiativen bzw. gemeinsame Positionen und Bestimmungen in Form des nationalen Alleingangs zu blockieren. So hat auch das Bundesverfassungsgericht 1993 mit seiner Entscheidung zum Maastricht-Vertrag die EU als Verbund demokratischer Staaten und als „Staatenverbund" eingestuft, in dem seine Einzelstaaten ihre Unabhängigkeit bewahren[8]. Damit verblieb den Mitgliedstaaten das Recht, die gemeinsamen außenpolitischen Initiativen der GASP abzustoppen, was sich für deren Agieren als äußerst nachteilig erweisen musste. Die wichtigsten Träger der Gemeinsamen Außen- und Sicherheitspolitik blieben der Europäische Rat (ER) der Staats- und Regierungschefs als höchstes repräsentatives Organ der in der EU vertretenen Nationalstaaten und der Außenministerrat der Mitgliedstaaten.

Von einer wirklichen „Europäisierung" in Form gemeinsamer Außenpolitik konnte angesichts der in Maastricht beibehaltenen institutionellen Strukturen keine Rede sein. Der Schwerpunkt europäischer außenpolitischer Entscheidungen verblieb beim ER. Dieser gibt die allgemeinen außenpolitischen Orientierungslinien vor, die zudem von den Außenministern in konkrete Maßnahmen umgesetzt werden sollen. Die einzelnen Mitgliedstaaten der GASP wurden zur systematischen Kooperation, zum Informationsaustausch und koordinierten Maßnahmen bei internationalen Organisationen und Konferenzen verpflichtet. Koordination und Kooperation sollten auch von den auswärtigen Vertretungen der Mitgliedstaaten, also den Botschaften und Konsulaten, und den Vertretern der Europäischen Kommission geübt werden. Die Mitgliedsländer der GASP verpflichteten sich, jede für die Interessen der Union schädliche Aktion zu vermeiden. Zum institutionellen Schwerpunkt der außenpolitischen Aktivitäten der GASP wurde – nach Maastricht – die jeweils im Rotationverfahren bestimmte Präsidentschaft, welche einmal die Verantwortung für die Durchführung der gemeinsamen Politik, zum anderen die Außenvertretung der Europäischen Union in internationalen Gremien wahrzunehmen hatte. Hierbei sollte die Präsidentschaft durch die sogenannte „Troika", bestehend aus der abgelaufenen sowie der zukünftigen Präsidentschaft, politisch und administrativ unterstützt werden.

---

8   Vgl. BVerfGE 89, 155.

Die Strukturen der GASP: Zum zentralen Meinungsbildungs- und Beschlussorgan einer gemeinsamen europäischen Außenpolitik wurde durch den im Vertrag von Maastricht der für die GASP agierende allgemeine Ministerrat der Mitgliedstaaten in der Zusammensetzung ihrer Außenminister. Der Außenministerrat wurde damit zum einzigen operativen Entscheidungsgremium der EU in außenpolitischen Fragen. Ein Politisches Komitee (PK) der politischen Direktoren der jeweiligen nationalen Außenministerien hatte die Aufgabe, Analysen der internationalen Situation zu erstellen und die Ministertreffen vorzubereiten sowie Entscheidungen des Außenministerrats umzusetzen. Für die Behandlung auch außenpolitischer Fragen kam damit dem PK exekutiv eine Schlüsselrolle zu. Für das außenpolitisch wichtige Instrument der Wirtschaftssanktionen wurde ein besonderes Sanktionsverfahren von Europäischer Kommission und GASP vorgesehen, nämlich eine Regelung durch einen allgemeinen Rat zur Durchführung einer gemeinsamen Aktion oder Durchsetzung einer gemeinsamen Position, sodass hier die politischen und wirtschaftlichen Instrumente von GASP und EU gemeinsam handeln konnten.

4. Der Vertrag von Amsterdam (1997)

Weitere institutionelle Fortschritte für eine gemeinsame europäische Außenpolitik erbrachte der am 2. Oktober 1997 unterzeichnete und am 1. Mai 1999 in Kraft getretene Vertrag von Amsterdam, nachdem die auf eine gemeinsame europäische Außenpolitik abzielenden Bestimmungen des Vertrags von Maastricht Erwartungen geweckt hatten, die über die faktischen Möglichkeiten der GASP weit hinausreichten[9]. Der Unionsvertrag von Amsterdam brachte mehr Klarheit zur rechtlichen Bedeutung von in Maastricht aufgestellten Arbeitsinstrumenten der GASP, nämlich „gemeinsame Aktionen" und „gemeinsame Positionen". So wurde in Amsterdam der Begriff „gemeinsame Aktionen" („Joined Actions") als operative Aktionen definiert, die von den GASP-Mitgliedstaaten im Rahmen der GASP vorgenommen würden, während unter „gemeinsamen Positionen" Akte der GASP definiert wurden, durch die die Mitgliedstaaten verpflichtet würden, nationale Politiken durchzuführen, die mit der definitiven Position der

---

9   Vgl. Mahncke/Ambos, European Foreign Policy, S. 141.

Gemeinschaft zu bestimmten Fragen übereinstimmten. Die Bedeutung der vom Amsterdamer Unionsvertrag, auch im Hinblick auf die Rolle Europas in internationalen Krisen, wie etwa im früheren Jugoslawien (Kosovo) und in Afrika (Zaire, Uganda), erarbeiteten Reform der GASP lag vor allen Dingen in einer erleichterten Entscheidungsfähigkeit des Außenministerrats. Die Einigung auf das Prinzip der „konstruktiven Enthaltung" erleichterte effektive Beschlüsse und damit Entscheidungen, weil nunmehr die Stimmenthaltung dissentierender Ministerratsmitglieder bei Ratsentscheidungen nicht mehr als Gegenstimme bewertet und damit zügige Entscheidungen des Außenministerrats erleichtert werden sollten. Ferner wurde durch den Amsterdamer Vertrag als neues außenpolitisches Instrument die „gemeinsame Strategie" beschlossen mit dem Plan der Aufstellung gemeinsamer Ziele und hierfür Bereitstellung der notwendigen Mittel in Bereichen größerer gemeinsamer Interessen. Die Vorlage einer derartigen erforderlichen Basisposition der interessierten Mitgliedstaaten der GASP hatte unter den bisherigen administrativen Unzulänglichkeiten in EPZ und GASP gelitten. Die institutionelle Stärkung der „zweiten Säule" der EU durch Einführung der Position des „Hohen Vertreters" sowie durch die endlich erfolgte Einigung über das „politische Sekretariat" waren zweifellos positive Schritte im Sinne einer sukzessiven Aufwertung des außenpolitischen Hebelarms der europäischen Konstruktion. Als ein Negativfaktor konnte sich allerdings das in der neuen Konstruktion angelegte mögliche Spannungsverhältnis zwischen Hohem Vertreter (für Außenpolitik) und dem für die GASP in der Kommission für Außenbeziehungen („external relations") verantwortlichen zuständigen Kommissar erweisen.

5. Die Verträge von Nizza (2001) und Lissabon (2009)

Bereits der Europäische Rat Köln (1999) hatte nach dem Zerfall Jugoslawiens und der sich hieraus ergebenden – durch das Eingreifen von USA und NATO beigelegten – Kosovo-Krise versucht, mit einem „Stabilitätspakt für Südosteuropa", dem kurz darauf (mit dem ER Helsinki im Dezember 1999) eine gemeinsame Strategie für die Ukraine folgte, stabilisierend für Südosteuropa zu wirken. Mit der Berufung des früheren spanischen Außenministers und NATO-Generalsekretärs Javier Solana auf den Posten des Hohen Vertreters für eine Amtszeit von fünf Jahren hatte der ER

Köln immerhin eine wichtige Personalentscheidung getroffen, mit der der gemeinsamen europäischen Außenpolitik größeres politisches Gewicht eingeräumt wurde. Gewisse Fortschritte bei der konstruktiven Ausgestaltung der Grundlagen und Weiterentwicklung der GASP brachten die Verträge von Nizza (2001) und Lissabon (2009). Der ER Nizza beschloss im Hinblick auf den 2004 bevorstehenden Beitritt von zehn osteuropäischen und Mittelmeerstaaten zur EU eine Verbesserung des im Amsterdamer Vertrag fixierten außenpolitischen Entscheidungsverfahrens. „Verstärkte Kooperation" sollte neben das bisher zügige Entscheidungen des Ministerrats erleichternde Verfahren der „konstruktiven Stimmenthaltung" treten. Die neue Modalität der „verstärkten Kooperation" sollte der Implementierung von „gemeinsamen Aktionen" oder „gemeinsamen Positionen" ohne militärische oder verteidigungspolitische Implikationen dienen.

Die Erleichterung des Entscheidungsverfahrens durch „verstärkte Kooperation" sollte insbesondere einstimmige Mehrheitsentscheidungen des ER (als oberstes politisches Organ) ermöglichen. Letztlich erbrachte aber der Vertrag von Nizza mit diesen Modifikationen nur geringe tatsächliche Fortschritte im Entscheidungsverfahren der GASP[10]. Die geringe politische Tragfähigkeit der zuletzt in Amsterdam und Nizza beschlossenen formalen Regeln für das Agieren der GASP-Mitglieder zeigte sich bereits im Januar 2003, als sich der französische Präsident Chirac und der deutsche Bundeskanzler Schröder in einer gemeinsamen Deklaration gegen die militärische Intervention der USA (und Großbritanniens) in Irak aussprachen und damit einen tiefen Riss in der außenpolitischen Geschlossenheit der EU-Mitgliedstaaten offenlegten. Gegen die Abseitsstellung von Chirac und Schröder, die sich historisch als richtig erweisen sollte, hatten sich seinerzeit fünf EU-Mitgliedstaaten, unter ihnen Großbritannien, Spanien und Italien, sowie drei Beitrittskandidaten, so unter anderem Polen, gewandt.

Der gegen den irakischen Diktator Saddam Hussein von den USA und Großbritannien geführte Krieg markierte damit auch einen Tiefpunkt gemeinsamer europäischer Außenpolitik, da es den europäischen Führungsorganen angesichts der tiefen politischen Spaltung der Mitglieder der EU nicht gelang, eine gemeinsame europäische Haltung hinsichtlich des

---

10 Vgl. Mahncke/Ambos, European Foreign Policy, S. 144 f.

militärischen Vorgehens gegenüber Irak zu erreichen. Der ER versagte diesbezüglich auch bei der Aufgabe, eine gemeinsame europäische Außenpolitik zur Irak-Krise im UNO-Sicherheitsrat durchzusetzen. Eine langjährige Schwächung der Bemühungen um eine gemeinsame europäische Außenpolitik blieb als Resultat dieser Spaltung wichtiger Mitgliedstaaten der EU, die sich offensichtlich nicht als Partner gemeinsamer Außenpolitik, sondern als Verfechter nationalstaatlicher Interessen gerierten, unverkennbar. Einen die EU-Kohärenz spaltenden Sonderweg beschritt erheblich später auch Italien, als dessen neue Regierung sich – anders als ihre EU-Partner – beim G7-Treffen 2018 in Kanada weigerte, die Ukraine-Sanktionen der EU gegen Russland weiter mitzutragen. Der Vertrag von Lissabon, der die neuen außenpolitischen Akteure der EU und insbesondere die Rolle des Hohen Vertreters stärken sollte, erbrachte keinen größeren Fortschritt in der gemeinsamen Außenpolitik der EU und ihrer Mitgliedstaaten, wenn auch dem Präsidenten des ER außenpolitische Steuerungsbefugnisse eingeräumt wurden. Mit dem Lissabon-Vertrag kam allerdings dem durch den Vertrag von Amsterdam installierten Hohen Vertreter für Außen- und Sicherheitspolitik in seiner doppelten Funktion als Vorsitzender des Rates für Auswärtige Angelegenheiten und Vizepräsident der Kommission besonderes Gewicht als außenpolitischer Sprecher der EU zu, womit ihm hiermit gewissermaßen die von den Mitgliedstaaten verweigerte Rolle eines „europäischen Außenministers" faktisch zufiel. Wie sich in den folgenden Jahren nach Verabschiedung des Lissabon-Vertrags zeigen sollte, blieb jedoch der von den Mitgliedstaaten weiter verweigerte Hebel der Mehrheitsentscheidung in wichtigen, auch sicherheitspolitischen Fragen ein entscheidender Hemmschuh für die nachhaltige Entwicklung einer gemeinsamen europäischen Außen- und Sicherheitspolitik. Die für die Durchführung einer kohärenten europäischen Außenpolitik vorrangig geforderten Organe der EU und ihrer Mitgliedstaaten haben damit in zentralen, Europa angehenden weltpolitischen Fragen des Dezenniums 2009 bis 2019 nur wenig strukturelle Fortschritte für eine gemeinsame Außenpolitik erreicht.

Die (neben Malta und Zypern) am 01.05.2004 vorgenommene Osterweiterung der EU war durch zwingende außenpolitische und geostrategische Interessen mit dem Ziel politische und wirtschaftliche Stabilität in den östlichen Nachbarländern der EU zu erreichen, bestimmt worden. Die geopolitischen Implikationen der von der EU hierfür initiierten Europäischen

Nachbarschaftspolitik wurden allerdings von den Führungsgremien der EU offensichtlich falsch eingeschätzt, was insbesondere das Scheitern des Kooperationsabkommens mit Russland zeigte. An der Südflanke der EU scheiterte die 2008 unter dem Einfluss Frankreichs gegründete Mittelmeerunion, da sie keine außenpolitisch stabilisierende Auswirkung auf das Verhältnis der EU zu den Nordafrikanischen Mittelmeeranrainern hatte.

Nach den als unzureichend empfundenen Vertragsreformen von Maastricht, Amsterdam und Nizza hatten die Mitgliedsstaaten der EU 2001 mit ihrer „Erklärung von Laeken" die Realisierung einer durchgreifenden Vertragsreform beschlossen, die durch einen europäischen Konvent unter Vorsitz des ehemaligen französischen Staatspräsidenten Valéry Giscard d'Estaing erarbeitet werden sollte. Eine anschließende Konferenz der Mitgliedsstaaten erbrachte den Entwurf für einen „Vertrag über eine Verfassung für Europa", der 2004 in Rom von den Mitgliedsstaaten feierlich unterzeichnet wurde. Die Ratifizierung dieses Verfassungsvertrages wurde jedoch 2005 bei Referenden in Frankreich und den Niederlanden abgelehnt. Unter deutscher Ratspräsidentschaft wurde daraufhin vom ER 2007 ein Kompromiss erarbeitet, der auf staatsähnliche Begriffe verzichtete, so im auswärtigen Bereich auf die vorgesehene Amtsbezeichnung „Außenminister der Union", der durch die Bezeichnung (Hoher Vertreter) ersetzt wurde.

6. Der Vertrag von Lissabon – Europäische Sicherheits- und Verteidigungspolitik

Unter portugiesischer Ratspräsidentschaft am 13.12.2007 unterzeichnet, sollte er die neuen außenpolitischen Akteure der EU, insbesondere die Rolle des Hohen Vertreters in seiner doppelten Funktion als Vorsitzender des Rates für auswärtige Angelegenheiten und Vizepräsident der Kommission mit besonderem Gewicht als außenpolitischer Sprecher der EU stärken. Letztlich erbrachte er jedoch keine größeren Fortschritte in der gemeinsamen Außenpolitik der EU und ihrer Mitgliedsstaaten, wenn auch dem Präsidenten des ER außenpolitische Steuerungsbefugnisse eingeräumt wurden.

Europa kann sich nicht mehr uneingeschränkt auf amerikanische militärische Unterstützung verlassen. Das Axiom NATO gleich transatlantische Allianz ist, wie die Rede von US-Vizepräsident Pence bei der Münchner Sicherheitskonferenz 2019 verdeutlichte, unter der Präsidentschaft Trumps ins Wanken geraten. Frühere Verzögerungen gemeinsamer europäischer Verteidigungsstrukturen durch die britische Rücksichtnahmen auf die USA und die NATO endeten zwar schrittweise mit dem Beschluss des ER Köln (1999) zur Schaffung einer „Europäischen Sicherheits- und Verteidigungspolitik" (ESVP) als Teil der GASP. Trotz weiterer Beschlüsse des ER Nizza mit Übernahme des Kölner Beschlusses in das europäische Vertragsrecht und institutioneller Fortschritte durch Umbenennung des PK in ein „Politisches und Sicherheitspolitisches Komitee" (PSK) sowie einer Beteiligung der europäischen Verteidigungsminister auf Ratsebene an der außen- und sicherheitspolitischen Zusammenarbeit ergaben sich damit für die ESVP in den Jahren nach ihrem institutionellen Auf- und Ausbau allerdings wenig konkrete, präzise formulierte, praxisorientierte Fortschritte. Mit dem am 1. Dezember 2009 in Kraft getretenen Lissabon-Vertrag[11] war aber eine gewisse strukturelle Weiterentwicklung der Europäischen Sicherheits- und Verteidigungspolitik zur „Gemeinsamen Sicherheits- und Verteidigungspolitik" (GSVP) gelungen. Als wichtige Neuerungen in diesem Bereich enthielt der Lissabon-Vertrag vier (im Prinzip) bedeutsame Regelungen. Der Reformvertrag führte – wie bisher – die sicherheits- und verteidigungspolitischen Aufgaben auf, zu deren Erfüllung die Union auf zivile und militärische Mittel zurückgreifen konnte. Diese Aufgaben wurden im Lissabon-Vertrag um folgende Themen erweitert:

– Gemeinsame Abrüstungsmaßnahmen
– Aufgaben der militärischen Beratung und Unterstützung
– Aufgaben der Konfliktverhütung und der Erhaltung des Friedens
– Operationen der Stabilisierung der Lage nach Konflikten

Ferner erbrachte der Lissabon-Vertrag eine dem NATO-Vertrag ähnliche, aber nicht derart stringente politische Beistandsklausel (Art. 42 Abs. 7 EUV Liss.), der zufolge für den Fall eines bewaffneten Angriffs auf das Hoheitsgebiet eines Mitgliedstaats der EU die anderen Mitgliedstaaten im Einklang mit Art. 51 UNO-Charta „alle in ihrer Macht stehende Hilfe und Unterstützung" leisten sollen. Diese „politische Beistandsklausel" lässt die Situation neutraler Mitgliedsländer der EU unberührt.

---

11 Vom 13.12.2007.

Als operativ wichtigster Punkt stipulierte der Lissabon-Vertrag konkret eine „Ständige Strukturierte Zusammenarbeit" (PESCO) im Rahmen der Union (Art. 46 EUV Liss.). Diese sollte für diejenigen Mitgliedstaaten gelten, die anspruchsvolle Kriterien in Bezug auf die militärischen Fähigkeiten erfüllen und die im Hinblick auf Missionen mit höchsten Anforderungen untereinander weitgehende Verpflichtungen eingegangen sind. Einzelheiten der Bedingungen für eine Teilnahme an dieser Zusammenarbeit wurden in einem „Protokoll über die Ständige Strukturelle Zusammenarbeit" detailliert ausgeführt.

Von besonderer Bedeutung für die Weiterentwicklung der Gemeinsamen Sicherheits- und Verteidigungspolitik sollte die im Lissabon-Vertrag festgelegte Durchführung von bestimmten (militärischen) Missionen durch eine Gruppe von Mitgliedstaaten sein, „die dies wünschen und über die […] erforderlichen Fähigkeiten verfügen" (Art. 42 Abs. 5, Art. 44 EUV Liss.). Hierzu sah der Lissabon-Vertrag allerdings nicht eindeutig vor, dass es sich bei der Durchführung der Missionen um an der PESCO teilnehmende Staaten und damit aufeinander „eingespielte" Länder handeln müsse. Ausgenommen von dieser Zusammenarbeit blieben ohnehin traditionell neutrale Mitgliedstaaten der EU, wie Irland, deren „traditionelle Neutralitätspolitik" nicht beeinträchtigt werden sollte.

Nach Lissabon trat allerdings das Europa der EU, abgesehen von einer in den afrikanischen Sahelstaaten (Mauretanien, Mali, Niger, Burkina Faso, Tschad) auch mit Stützung des dortigen französischen militärischen Engagements durchgeführten beschränkten zivil-militärischen Mission, bei größeren militärischen Krisen wie in Syrien und bei der Bekämpfung des IS auch in Irak nicht oder nur kaum in Erscheinung. Insbesondere bei dem sich im April 2018 und im Oktober 2019 verschärfenden Syrien-Krieg demonstrierten die größeren Mitglieder der EU eine weitgehende sicherheitspolitische Abstinenz, wenn auch von der deutschen Verteidigungsministerin Kramp-Karrenbauer demonstrativ europäische Beteiligung an einer Schutzzone in Nordsyrien gefordert wurde. Während das durch Regierungskrisen geschwächte Italien europapolitisch eher abseits blieb, führten Frankreich – wie Großbritannien – und die USA begrenzte Luftschläge gegen vorgebliche Chemiewaffenlager des syrischen Diktators Assad. Deutschland hielt sich dabei zurück, wenn auch die Bundesregierung die Militärschläge ihrer Verbündeten als „verhältnismäßig" und „erforderlich" ausdrücklich guthieß. Diese zurückhaltende deutsche Haltung implizierte direkt oder indirekt eine vorläufige Absage an das vom französischen Staatspräsidenten Macron favorisierte Projekt einer „europäischen Verteidigungsunion", das sich zu einem zentralen Instrument europäischer verteidigungspolitscher Kohärenz entwickeln sollte. Für dieses zur Sicherheit Europas wichtige neue Projekt hat allerdings die britische Entscheidung, die EU zu verlassen, möglicherweise ein bisheriges politisches Haupthindernis militärischer Zusammenarbeit der „28" beseitigt, nämlich die faktische Umsetzung einer gemeinsamen europäischen Sicherheitspolitik. Das Grundproblem einer umfassenden Strategie europäischer Sicherheit bleibt allerdings – etwa in der in der brisanten Frage der Steuerung der Immigrantenströme aus Nahost und Afrika – dennoch das anhaltende Zögern der großen westeuropäischen Militärmächte Frankreich, Deutschland und Großbritannien, ein Europa der Verteidigungsunion als Entscheidungsträger einer europäischen Verteidigungspolitik zu akzeptieren. Doch scheinen die europäischen Truppensteller als Modell bisher das gemeinsame parallele Handeln einer Gruppe von „Willigen", die durch jeweils autonome Entscheidungen eine gemeinsame europäische Verteidigungspolitik durchführen sollen, zu akzeptieren. Im Rahmen der von den Partnerstaaten der EU entwickelten Ständigen Strukturierten Zusammenarbeit können sich die Teilnehmerstaaten auf zahlreiche Projekte der Verteidigungstechnologie und individueller Rüstungszusammenarbeit stützen. Nach dem Vollzug des britischen Austritts wird es allerdings zusätzlicher Abkommen mit Großbritannien bedürfen, um die großen britischen militärischen Machtmittel dauerhaft mit den großen Militärmächten der EU, Frankreich und Deutschland, verteidigungspolitisch zu verbinden. Wenn auch militärisch schwächer als Frankreich, Deutschland und Großbritannien, kommt ferner Italiens Marine für Operationen im Mittelmeer, speziell an der Küste Libyens, besondere Bedeutung zu, vor allem zur europäischen Unterstützung einer international anerkannten libyschen Regierung in Tripolis.

Sorgfältig wurde von der EU und ihren Mitgliedstaaten bei der Ausgestaltung ihrer sicherheitspolitischen Zusammenarbeit jede Konkurrenz zur transatlantischen Allianz (NATO), dem „Fundament für kollektive Verteidigung", vermieden. Vielmehr wurde als Ziel dieser verteidigungspolitischen Initiative interessierter Mitgliedstaaten der EU vorgegeben, die Fähigkeit der Europäischen Union zu verbessern, zivile und militärische Aktionen zu planen und auszuführen. 2018 sahen sich die Mitgliedstaaten der Union indessen auch durch das Drängen des amerikanischen Präsidenten Trump auf Erfüllung des 2-Prozent-Ziels der NATO für Verteidigungsausgaben mehr als zuvor veranlasst, ihre Investitionen in die Sicherheit Europas zu erhöhen. Insgesamt basiert die in Aussicht genommene Verteidigungsunion sowohl auf neueren französisch-deutschen Planungen wie im Grundsatz auf der bereits im EU-Vertrag von Lissabon vorgesehenen Möglichkeit der Ständigen Strukturierten Zusammenarbeit (PESCO) der beteiligten europäischen Staaten. Diese sollte sich in einer ersten Phase etwa auf die logistische Zusammenarbeit in Krisengebieten ausrichten. Geplant war auch, das frühere Ziel der Schaffung schneller Eingreiftruppen der EU („Battle Groups" von jeweils bis zu 3000 Soldaten) angesichts der um Europa wachsenden Bedrohungen rascher als bisher geschehen umzusetzen. Vor allen Dingen Frankreich zielt auf ein „Europa der Verteidigung" mit dem Ziel seiner strategischen Autonomie[12]. Angesichts der Probleme, die sich der Europäischen Union und ihren Mitgliedstaaten bei der Abwehr von Terror und illegaler Migration, bei gemeinsamer Verteidigung der EU-assoziierten Ukraine und – im Inneren – bei der Schaffung einer Währungsunion stellen, scheint es Paris und Berlin nunmehr notwendig, auf einem Gebiet gemeinsam vorwärtszugehen, bei dem französische und deutsche Vorstellungen zusammenfallen. Das wäre in erster Linie die Schaffung eines Europa der Verteidigungsunion, wo auch Mehrheitsentscheidungen der Mitgliedstaaten eher möglich scheinen, denn die Union muss in ihrer Innen-Verfassung mit der politischen Realität leben, dass eine Ausweitung des Mehrheitsprinzips in außen- und sicherheitspolitischen Entscheidungen bei der Mehrheit der EU-Mitgliedstaaten weiterhin auf Ablehnung stößt. Die eher zurückhaltende Erklärung der europäischen Außenminister vom 16. April 2017 in Luxemburg, die nach einigen Debatten den britischen, französischen – und amerikanischen – Luftschlägen gegen eine Installation von Chemiewaffen

---

12 „Eine Strategie, die sich aufdrängt, wer auch immer Präsident der Vereinigten Staaten ist", so der damalige französische Minister Le Drian im November 2016 auf einem Treffen der Außen- und Verteidigungsminister der 28. Bei diesem Treffen waren von der EU-Außenbeauftragten Mogherini stärkere Leistungen der Mitgliedstaaten, insbesondere eine engere rüstungspolitische Kooperation, vorgeschlagen worden.

des Assad-Regimes in Syrien (mit Hilfe Russlands) nur „Verständnis" und nicht die erhoffte „Unterstützung" gewährte, demonstrierte eine letztlich vor allem auf Wahrung ihrer nationalen Prärogative und weniger auf außen- und sicherheitspolitische Gemeinsamkeit bedachte Haltung der EU-Partnerstaaten. Insbesondere hat damals Deutschland eine eher nachgeordnete Rolle eingenommen und damit möglicherweise eine einheitliche europäische außen- und sicherheitspolitische Rolle blockiert. Die von deutscher Regierungsseite vorgebrachten Entschuldigungsgründe hätten wohl realpolitisch nur eingeleuchtet, wenn sie Ausdruck einer nationalen deutschen Strategie gewesen wären, keine größeren Schärfen in Richtung Russland zuzulassen.

Weil die europäische Führungsrolle durch Macrons Initiative von Paris übernommen wurde, bleibt Berlin aufgefordert, sich in engem Verbund mit Frankreich als starke europäische politische, militärische und wirtschaftliche Stütze in Europa einzubringen. Hierfür scheint vor allem eine Lockerung der stringenten deutschen Regelungen für Rüstungsexporte notwendig, um die Durchführung deutsch-französischer Projekte der militärischen Zusammenarbeit zu erleichtern, wobei es im Wesentlichen um Exporte in Länder außerhalb von EU und NATO geht, die bisher unter den deutschen Vorbehalten gelitten haben. Der deutsch-französische Ministerrat hat im Juni 2018 in Meseberg für die europäische Verteidigungspolitik wesentliche Anstöße gegeben, nachdem Präsident Macron mit seiner Sorbonne-Rede in Paris bereits 2017 auch eine europäische Interventionsinitiative gefordert hatte. Deren Ziel war es, zunächst politisch willige und militärisch fähige Länder auch außerhalb der Strukturen des überkommenen Lissabon-Vertrags zusammenzubringen, um schnelle gemeinsame europäische militärische Interventionen ausführen zu können. Wenn auch Berlin diesen Vorschlag anfänglich eher zurückhaltend aufnahm, so zeigte sich nach dem deutsch-französischen Aachener Vertrag vom Januar 2019 größeres deutsches Verständnis für die französische Haltung, gegebenenfalls langwierige EU-Prozesse zu überwinden. So heißt es etwa in Art. 4 des Aachener Vertrags, dass beide Staaten die Erarbeitung gemeinsamer Verteidigungsprogramme und deren Ausweitung auf Partner intensivieren und bei gemeinsamen Projekten einen gemeinsamen Ansatz für Rüstungsexporte entwickeln werden.

2019, zehn Jahre nach Abschluss des Vertrags von Lissabon, hatten sich die mit den Vertragsbestimmungen zu europäischen Verteidigungsstrukturen verbundenen Erwartungen weitgehend als illusorisch erwiesen. Fähigkeiten zu eigenständigen europäischen Interventionen in für Europa lebenswichtigen Nachbarschaftszonen wie Ostukraine, Syrien und Libyen wurden – auch als Ersatz für ein Abseitsstehen der USA – nicht oder nur begrenzt, wie in der Sahelzone, wahrgenommen. Bundeskanzlerin Merkel hatte zwar 2018 – wie bereits Präsident Macron – auch für den Aufbau einer europäischen Interventionstruppe mit einer gemeinsamen strategischen Kultur plädiert, die allerdings in die bestehenden Strukturen der verteidigungspolitischen Zusammenarbeit der EU eingepasst sein müsse. Merkel und vor ihr Macron zogen mit ihren diesbezüglichen Äußerungen die Konsequenzen aus den bisher eher negativen Erfahrungen mit den bereits in Lissabon beschlossenen europäischen multinationalen Kampfgruppen, den sogenannten „Battle Groups", die wegen politischer Differenzen zwischen den beteiligten Staaten der EU über die verteidigungspolitische Basis der Union nicht zum Zuge kamen.

In den Fragen besserer Intraoperabilität und europäischer Sicherheit sollten Deutschland und Frankreich nunmehr im Sinne der von Macron und Merkel aufgezeigten Richtung in Europa vorangehen, um auf dem Gebiet der europäischen Verteidigung endlich reale Fortschritte zu erzielen und damit auch den Pfeiler gemeinsamer europäischer Außenpolitik stärker abzustützen. Macrons weiterer ambitionierter Vorstoß für eine europäische Interventionstruppe und eine gemeinsame Einsatzdoktrin hat – anders als die Streitfrage Rüstungsexporte – zu erwartende deutsche Unterstützung gefunden. Darüber hinaus hatte das französisch-deutsche sicherheitspolitische Zusammengehen bereits im September 2017 im estnischen Tallin zu einer Einigung der Mehrzahl der europäischen Verteidigungsminister auf eine bereits durch den Lissaboner Vertrag ermöglichte Ständige Strukturierte Zusammenarbeit zur Stärkung der militärischen Fähigkeiten der EU geführt, was die deutsche Verteidigungsministerin von der Leyen als „Quantensprünge nach vorn" qualifizierte. An dieser Zusammenarbeit wollen sich auch zur besseren Koordination der einzelstaatlichen Ausgaben für Verteidigung nunmehr bis zu 25 Mitgliedstaaten der EU beteiligen. Damit erfährt die als Folge des Brexit möglicherweise bevorstehende Schwächung der gemeinsamen europäischen Verteidigungskapazitäten einen wichtigen

Ausgleich. Angesichts der bisher im militärischen Bereich gezeigten Unfähigkeit der Mitgliedstaaten der EU, auf der Basis allseitiger Kompromisse zu stabilen gemeinschaftlichen Lösungen zu kommen, würde der nunmehr realistische Ansatz einer möglichen europäischen Verteidigungsunion einen großen europapolitischen Durchbruch bedeuten, vorausgesetzt, die französischen und deutschen Vorstellungen setzen sich in den anderen Mitgliedstaaten endgültig durch. Konkrete Ansätze hierfür sind bereits vorhanden. So ist Macrons „Europäische Interventionsinitiative" durch die eigenen französischen und deutschen Einsatztruppen für die Sahelländer sichtbar gemacht worden. Diese Einsatztruppen umfassten bis zur Jahresmitte 2018 ca. 5000 Soldaten zur Unterstützung der G5-Sahel-Staaten (Mali, Burkina Faso, Mauretanien, Niger, Tschad), und zwar unter dem Dach einer Resolution der UNO zur Bekämpfung islamistischer Terroristen, die bereits 2013 versucht hatten, die Regierung Malis zu stürzen und die Hauptstadt Bamako zu erobern – was seinerzeit durch französisches Militär verhindert worden war. Die deutsche Bundesregierung hat damit diesen militärischen Stabilisierungsvorschlag Frankreichs aufgegriffen und beim Regierungstreffen darauf hingewiesen, dass Deutschland den Sahelstaaten etwa eine Milliarde Euro an Entwicklungshilfe zur Verfügung stellt, deren Erfolg ein stabiles Umfeld der Sicherheit erfordere. Frankreich und Deutschland haben mit ihrer Sahel-Initiative eine stärkere militärische Rolle Europas im afrikanischen Umfeld und damit in der Weltpolitik präfiguriert und werden auch die gemeinsame Verteidigungspolitik der Union schrittweise weiter vorantreiben, wenn sie ihre konventionellen militärischen Kräfte erhöhen und ihre Rüstungsdoktrinen weiter vereinheitlichen. Ohne eine größere Steigerung der Verteidigungsausgaben aller Mitgliedstaaten der EU wird sich diese notwendige Zielsetzung für eine substanzielle, robuste europäische Verteidigungspolitik, die den aktuellen Bedrohungen der Europäischen Union in Ost-/Mitteleuropa und im nahöstlichen Mittelmeerraum Rechnung trägt, wohl nicht verwirklichen lassen. Wunschvorstellungen, wie eine von Kommissionspräsident Juncker beschworene „europäische Armee", gehören ohnehin in den Bereich der Illusionen. Die einzelnen Mitgliedstaaten der EU haben überwiegend – wie bereits in ihrer unterschiedlichen Haltung zur „Völkerwanderung" aus Nahost und Afrika ersichtlich – nicht den Willen, in der gemeinsamen Sicherheits- und Außenpolitik auf ihr souveränes Mitentscheidungsrecht zu verzichten. Diese – das europäische sicherheits- und außenpolitische Handeln lähmende – Situation ließe sich wohl nur durch Bildung eines gesamteuropäischen Staates in Form einer auch politisch gewollten „europäischen Union" überwinden, ein Ziel, das bereits Kohl und Mitterrand, Giscard d'Estaing und Helmut Schmidt nicht erreicht haben. Wolfgang Ischinger[13] hat im Hinblick auf diese für die deutsche Sicherheits- und Außenpolitik unbefriedigende Situation auf die Notwendigkeit mutiger politischer Schritte hingewiesen, die deutsch-französischen Initiativen zur Reform der Eurozone als überfällig bezeichnet und die Frage gestellt, ob Berlin nicht ganz offiziell vorschlagen könne, in der EU-Außenpolitik ab sofort mit Mehrheit zu entscheiden, also auf die Möglichkeit eines Vetos zu verzichten. Das gleiche, von ihm nicht erwähnt, müsste dann auch für die europäische Sicherheits- und Verteidigungspolitik gelten.

Einen wichtigen Anstoß für eine noch engere deutsch-französische und damit auch europäische verteidigungspolitische Zusammenarbeit hatte der im Januar 2019 von beiden Staaten abgeschlossene Aachener Vertrag erbracht. Dieser fixiert, dass Frankreich und Deutschland einander im Fall eines bewaffneten Angriffs auf ihre Hoheitsgebiete jede in ihrer Macht stehende Hilfe und Unterstützung leisten. Dies schließe militärische Mittel ein. Diese Beistandsgarantie ist ausgeprägter formuliert als diejenige des NATO-Vertrags und bedeutet eine Rückversicherung für den Fall, dass die USA ihre Sicherheit in der Allianz nicht mehr hinreichend gewährleisten wollen oder können. So hat Präsident Trump einen militärischen Beistand der USA mehrfach von erheblich erhöhten Verteidigungsbeiträgen der NATO-Partner abhängig gemacht und auch erklärt, dass die USA auch allein – außerhalb der NATO – vorgehen könnten. Angesichts amerikanischer finanzieller Beitragsforderungen und neuer russischer Nuklear-Mittelstreckenraketen könnte es für Deutschland und andere Mitgliedstaaten der EU zudem möglicherweise sinnvoller sein, sich hinter den von Frankreich (und Großbritannien) aufgestellten Schutzschild und seine Abschreckungswirkung zu begeben. Diese mögliche nukleare Option würde allerdings hohe finanzielle Beiträge Deutschlands und anderer Partner Frankreichs und Großbritanniens im Sinne einer gemeinsamen europäischen Verteidigungspolitik notwendig machen.

---

13 Vorsitzender der Münchner Sicherheitskonferenz, vgl. FAZ vom 4.6.2018.

Zu prüfen wäre überdies im Falle eines französisch-britischen Atom-schirms über Deutschland eine deutsche taktische und strategische Mit-sprache beim Atomwaffeneinsatz. Jedenfalls scheint Großbritannien entschlossen, sein Gewicht als militärische Führungsmacht in Europa auch nach einem EU-Austritt verstärkt ins Feld europäischer sicherheitspoliti-scher Zusammenarbeit einzubringen.

Eine Schlüsselfrage für die deutsch-französische und damit auch euro-päische sicherheitspolitische Zusammenarbeit bleiben die notwendige Kooperation der Rüstungsindustrie beider Staaten und besondere, beider-seits vereinbarte Grundsätze für den Export gemeinsam produzierter Rüs-tungsgüter in Staaten außerhalb von EU und NATO. In der Vergangenheit hatte es hier seitens Frankreichs und Großbritanniens erhebliche Kritik an der restriktiven nationalen Politik Deutschlands und damit an einem deut-schen Exportverbot für europäische Gemeinschaftsprojekte gegeben. Die Substanz der deutsch-französischen Verteidigungspolitik würde trotz aller symbolischer Freundschaftsgesten, wie dem Aachener Freundschaftsvertrag, durch weitere deutsche Zurückhaltung auf dem sensitiven rüstungspoliti-schen Sektor ernsthaft gefährdet. Die deutschen Exportrestriktionen tragen der großen Bedeutung des Rüstungsexports für die französische Wirtschaft, die etwa dem deutschen Maschinenbauexport entspricht, nicht genügend Rechnung. Wollte die Bundesregierung die Substanz deutsch-französischer Rüstungszusammenarbeit bewahren, wären hierfür deutsche Zugeständ-nisse erforderlich. Die deutsche Regierung hat in der Vergangenheit zu Recht darauf hingewiesen, dass bisher mehr als 90 Prozent der Forschungs- und Technologiearbeiten im Verteidigungssektor in Europa auf rein nati-onaler Ebene durchgeführt werden mit dem – negativen – Ergebnis, dass in der EU 178 verschiedene Waffensysteme, gegenüber 30 in den USA, existieren. Positive Ansätze zeigen sich bisher vor allem in dem von deut-schen und französischen Herstellern vereinbarten gemeinsamen Panzer-modell, wobei allerdings der Weg zu einem einsatzfähigen Waffensystem von der staatlichen Akzeptanz beider Regierungen abhängig wird. Die von Deutschland unterstützte französische Intervention-Initiative – bisher neun Partner – sollte sich auf ein normiertes, standardisiertes, von den Beteilig-ten zu nutzendes Waffensystem stützen können. Die dringend gebotene Konzentration der Mitgliedstaaten auf einheitliche Waffensysteme ist nicht nur erwünscht, sie ist notwendig. Die weitere Ausgestaltung der 2017 von den Verteidigungsministern der 28 EU-Mitgliedstaaten auf französische Initiative beschlossenen Sicherheits- und Verteidigungsunion in Gestalt der PESCO, deren Planung und Durchsetzung hauptsächlich in der Hand des Hohen Vertreters liegt, geht allerdings nach Vorliegen von 17 Projekten nur schleppend voran. Ob die jährliche Überprüfung der Verteidigungsplanung durch die Europäische Verteidigungsagentur hieran viel ändern wird, bleibt ungewiss. Es besteht weiterhin eine große Lücke zwischen den erforderlichen „robusten Einsätzen", der Bereitstellung von Truppen und der notwendigen Finanzierung aus den nationalen Verteidigungshaushalten.

Die „strategische Autonomie" Europas gegenüber den USA und anderen Mächten könnte wohl nur durch eine nachdrückliche militärische Stärkung der europäischen Handlungsfähigkeit – und nicht durch behebbare Ausrüstungsschwächen – erreicht werden. Probleme der europäischen Sicherheit können auch nicht – wie in der Frage der Kontrolle der Mittelmeer-Seewege geschehen – durch Abschieben von Aufgaben der Verteidigungsminister auf die Innenminister gelöst werden. Für eine angemessene Koordinierung der Sicherheitspolitik der Mitgliedstaaten der EU und damit eine breit angelegte Rüstungskooperation bleibt eine Abstimmung der deutsch-französischen Standards für den Rüstungsexport mit deutschen Zugeständnissen auf der Linie der seinerzeitigen deutsch-französischen Schmidt-Debré-Vereinbarung zentrale Voraussetzung. Diese scheint durch ein neues deutsch-französisches Abkommen vom Oktober 2019 im Wesentlichen realisiert. Die Umsetzung einer gemeinsamen europäischen Sicherheits- und Verteidigungspolitik würde hierdurch gefördert.

III. Akteure der GASP

1. Der Europäische Rat

Das oberste Gremium der Staats- und Regierungschefs der Staaten der Europäischen Union, der Europäische Rat (ER), hat in Gestalt eines ständigen, hauptverantwortlichen Präsidenten durch den sogenannten Reformvertrag von Lissabon eine deutliche außenpolitische Führungsrolle für die EU erhalten. Er führt den Vorsitz und gibt die notwendigen Impulse für die Arbeit des ER einschließlich seiner außenpolitischen Zielvorstellungen und Prioritäten[14]. Faktisch war diese Führungsfunktion für die gemeinsame Außenpolitik bereits in den 1990er Jahren durch die Persönlichkeit des deutschen Bundeskanzlers Helmut Kohl gegeben. Unter seiner kraftvollen Leitung bewältigte die EU ihre damaligen außen- und sicherheitspolitischen Hauptaufgaben, wie die Wiedervereinigung Deutschlands im Rahmen der EU, die friedlich erreichte militärische und politische Räumung Mittel-/Osteuropas durch die damalige Sowjetunion und den bereits am 1. Mai 2004 erfolgten Beitritt zahlreicher mittel-/osteuropäischer Staaten sowie Maltas und Zyperns zur Union.

Mit dem Reformvertrag von Lissabon erhielt der Präsident des ER die Aufgabe, die Außenvertretung der EU in Angelegenheiten von GASP und ESVP auf seiner Ebene „unbeschadet der Befugnisse des Hohen Vertreters" (HR) wahrzunehmen. Damit sollte eine nach außen gerichtete größere Sichtbarmachung der gemeinsamen Politiken der EU international auf der Ebene der Staats- und Regierungschefs demonstriert werden. In der zwischenstaatlichen Praxis zeigte sich jedoch bald, wie bereits bei Wahrnehmung der Positionen des HR deutlich wurde, dass die außenpolitische Durchsetzungsfähigkeit des hauptamtlichen Präsidenten des ER nicht allein von der Bereitschaft der Mitgliedstaaten zum notwendigen Kompromiss, sondern ganz wesentlich auch von der außenpolitischen Erfahrung und Flexibilität des ständigen Ratspräsidenten abhängen musste. Der seinerzeitige belgische Premierminister Herman van Rompuy als erster hauptamtlicher Präsident des ER blieb jedoch in seiner zentralen außenpolitischen

---

14 Art. 15 Abs. 6 EUV Liss.

Aufgabe, die Außenvertretung der Union unbeschadet der Befugnisse des HR in Angelegenheiten der Außen- und Sicherheitspolitik wahrzunehmen und der internationalen Rolle der EU „mehr Stimme und Gewicht zu geben", eher farblos. Er vermochte es nicht, den wachsenden internationalen Herausforderungen an die EU, wie Flüchtlings- und Migrationskrise, Syrien-Konflikt und Ukraine-Krise, mit geschlossenem gemeinsamem Handeln des ER der Staats- und Regierungschefs zu begegnen. So wurde er nicht zu einem machtvollen Präsidenten, sondern blieb eher ein Registrator außenpolitischer Aktionen von Mitgliedstaaten und Kommission, der zunehmend eigenständigen Rolle der ost-/mitteleuropäischen Mitgliedstaaten der EU und der Unsicherheiten der politischen Heranführung der Westbalkanländer. In dem den Zusammenhalt der EU im Kern bedrohenden Flüchtlings- und Migrationsproblem gelang es ihm nicht, die zunehmend tiefere Spaltung zwischen den Quotenregelungen verlangenden und diese ablehnenden und stärkeren Außengrenzschutz befürwortenden Visegrád-Staaten zu überwinden und eine geschlossene Linie in der Migrationspolitik der Europäischen Union zu erreichen.

2. Der Ministerrat

Stärkere Anstrengungen im Sinne eines umfassenderen europäischen Krisenmanagements entfaltete in den Jahren seit 2014 die ständige Ratspräsidentschaft in Gestalt des ehemaligen polnischen Ministerpräsidenten Donald Tusk. Dieser bemühte sich gemeinsam mit der Hohen Vertreterin Mogherini, den Außenbeziehungen der EU eine größere Kohärenz in Politik und Wirtschaft zu verleihen. Der Ministerrat fungiert nunmehr auch als Dach für die halbjährliche Tagung mit den Ministern für Verteidigung, Handel und Entwicklungszusammenarbeit. Eine rasche Verbesserung der angespannten Beziehungen zu den USA und Lösungen in der für die EU zerstörerischen Migrationskrise hat jedoch auch der als europäischer Staatsmann angesehene Ratsvorsitzende Tusk wegen der Ablehnung von Kompromissvorschlägen durch die osteuropäischen Mitgliedstaaten nicht hinreichend liefern können.

Für das laufende außenpolitische Geschäft der EU ist nach Vorgabe des Reformvertrags von Lissabon der Rat „Auswärtige Angelegenheiten" zuständig[15]. Er gestaltet das außenpolitische Handeln der Union gemäß den strategischen Vorgaben des ER und sichert die Kohärenz des Handelns der EU. Der Vorsitz in dieser Ratsformation wird durch den HR wahrgenommen[16], während in anderen Ratsformationen, wie dem ECOFIN (Rat für Wirtschaft und Finanzen), der Vorsitz jeweils von einer rotierenden Ratspräsidentschaft ausgeübt wird. Der Rat repräsentiert die Vertretung der Mitgliedstaaten im System der EU. Die Mitgliedstaaten werden in diesem Rat auf Außenministerebene vertreten, was verbindliche Stimmrechtsausübung ermöglicht. Der Rat bringt damit die außen- und sicherheitspolitischen Interessen der Mitgliedstaaten auf Ebene der EU zur Geltung. Für GASP und ESVP ist der Außenministerrat von zentraler Bedeutung für das auswärtige Handeln der Union. In Folge der Verträge von Amsterdam und Nizza wurden dem Rat im sogenannten „Reformvertrag von Lissabon" umfangreiche neue Zuständigkeiten zugewiesen. Der Rat für Auswärtige Angelegenheiten ist heute das Zentralorgan der EU für auswärtiges Handeln, weil sein Handeln von allen Mitgliedstaaten beeinflusst und gesteuert oder auch blockiert werden kann.

3. Der Hohe Vertreter

Die Nachteile, die sich durch den Sechs-Monats-Wechsel der jeweiligen GASP-Präsidentschaft für die Geschlossenheit und Kontinuität europäischer Außen- und Sicherheitspolitik ergeben, wurden so offensichtlich, dass die Mitgliedstaaten der EU mit dem ER Amsterdam den Posten des „Hohen Vertreters" (HR) der GASP schufen und durch den ER Köln (1999) mit dem „politischen Schwergewicht" Javier Solana, einem ehemaligen spanischen Außenminister und hohen NATO-Beamten, für einen Zeitraum von fünf Jahren besetzten. Von diesem wurde erwartet, dass er das ihm vom ER erteilte Mandat mit einem weiten Spielraum interpretieren würde – eben mehr als es einem ehemaligen Beamten aus einem Außenministerium der Partnerstaaten möglich gewesen wäre. Der HR sollte als die politische Stimme Europas nach außen wirken, eine möglichst gemeinsame außenpolitische Linie der Mitgliedstaaten erreichen und zur Geltung bringen. Tatsächlich zeigte sich

---

15 Art. 16 Abs. 6 EUV Liss.
16 Art. 18 Abs. 3 EUV Liss.

jedoch, dass auch ein ehemals kraftvoller Politiker wie Solana es angesichts schwerwiegender weltpolitischer Krisen nicht vermochte, widerstreitenden Grundsatzpositionen der größeren und damit mächtigen Mitgliedstaaten auf eine einheitliche außenpolitische Linie auszurichten. Der Testfall für Solana war der durch die USA ausgelöste Irak-Krieg 2003. Dieser zeigte eine tiefe Spaltung der außenpolitischen Haltungen der größeren europäischen Staaten auf. Während Großbritannien die amerikanische Initiative voll unterstützte, waren Frankreich und Deutschland nicht bereit, in der UNO entsprechende Unterstützung zu gewähren. Der Hohe Vertreter der EU konnte so seine Aufgabe, eine gemeinsame EU-Position herzustellen, hier nicht erfüllen. Die damit aufscheinende Schwächung der Rolle des HR wurde später offenkundig durch die Berufung von Catherine Ashton als Nachfolgerin und ab 2014 durch die ehemalige italienische Außenministerin Federica Mogherini. Letztlich vermochten auch die Nachfolgerinnen von Solana dem Amt des Hohen Vertreters nicht die kräftige Ausprägung zu geben, welche die Rolle eines „europäischen Außenministers" präfiguriert hätte. Diese Feststellung lässt sich insbesondere für die Nah- und Mittelost-Krisen und den Kosovo-Krieg treffen. Sobald die größeren europäischen Staaten in wichtigen außenpolitischen Fragen unterschiedliche Positionen vertraten, war die jeweilige Einwirkungsmöglichkeit des HR zur Durchsetzung einer einheitlichen europäischen Position begrenzt. Vom Hohen Vertreter wurde in der Öffentlichkeit vielfach erwartet, dass die doppelte Funktion als Vorsitzender des Rates für Auswärtige Angelegenheiten und Vizepräsident der Europäischen Kommission sein Gewicht als außenpolitischer Sprecher der EU – und ihrer Mitgliedstaaten – international erhöhen würde und ihm gewissermaßen die von den Mitgliedstaaten der EU bisher verweigerte Rolle eines „europäischen Außenministers" durch ein aktives internationales Handeln faktisch zufiele. Zu Recht ist allerdings frühzeitig nach Lissabon darauf hingewiesen worden, dass der Hohe Vertreter im Aufgabenfeld der GASP nur Positionen vertreten dürfe, die von den Mitgliedstaaten der EU zuvor einstimmig gebilligt wurden. Wie sich in der Folge nach Verabschiedung des Lissabon-Vertrages zeigen sollte, blieb der dem GASP-Mechanismus von den Mitgliedsländern in Lissabon weiterhin verweigerte Hebel der Mehrheitsentscheidung in außen- und sicherheitspolitischen Fragen ein entscheidender Hemmschuh für eine nachhaltige europäischen Außen- und Sicherheitspolitik durch den Hohen Vertreter.

Die durch Lissabon mit großen Erwartungen verbundenen institutionellen Reformen der EU in Richtung auf Stärkung ihrer „auswärtigen Gewalt" erfüllten sich insoweit nicht, wenn sich auch die Amtsausübung durch Federica Mogherini nach ihrer eher schwachen Vorgängerin durch intensive Wahrnehmung der auswärtigen Vertretung der EU nachhaltig verbesserte. Die Außenbeauftragte konnte sich dabei auf die dem Hohen Vertreter durch den Reformvertrag von Lissabon verliehenen weitgehenden institutionellen Zuständigkeiten für die Vertretung der Außen- und Sicherheitspolitik der EU stützen. Diese erweiterten seinen Verantwortlichkeitsbereich beträchtlich. Im Einzelnen hatte der Vertrag von Lissabon folgende Zuständigkeiten des Hohen Vertreters festgelegt:

1. Der Hohe Vertreter leitet die Gemeinsame Außen- und Sicherheitspolitik der Europäischen Union und sorgt für die Kohärenz des auswärtigen Handelns der Union insgesamt (Art. 18 Abs. 2, Art. 18 Abs. 4 EUV Liss.).
2. Der Hohe Vertreter leitet den Rat für Auswärtige Angelegenheiten (Art. 18 Abs. 3 EUV Liss.). Diese Aufgabe kam bislang dem Außenminister der jeweiligen Ratspräsidentschaft zu.
3. Der Hohe Vertreter ist gleichzeitig Vizepräsident der Europäischen Kommission (Art. 18 Abs. 4 EUV Liss.). Dieses Konstrukt war und wird als „Doppelhut" bezeichnet, da der HR institutionell sowohl im Rat als auch in der Kommission verankert ist.
4. Der Hohe Vertreter ist im Bereich der GASP auch für die Außenvertretung der Union zuständig. Er führt im Namen der Union den politischen Dialog mit Drittstaaten und vertritt den Standpunkt der Union in internationalen Organisationen und Konferenzen (Art. 27 Abs. 2 EUV Liss.).

Demgegenüber war die Außenvertretung in der GASP nach der alten Vertragsfassung der Präsidentschaft zugewiesen und wurde regelmäßig im Troika-Format (Vorsitz, Hoher Vertreter und Außenkommissar) wahrgenommen, wobei die Präsidentschaft durch ein sogenanntes „Secrétariat itinérant" in Brüssel und durch das Kommunikationsnetz COREU unterstützt wurde. Aufgrund der ihm durch den Lissabon-Vertrag eingeräumten weitreichenden Kompetenzen wurde vielfach erwartet, dass der Hohe Vertreter zur zentralen Figur des auswärtigen Handelns der EU, insbesondere der GASP, werden würde. So war als eine wichtige neue Kompetenz für den

HR die Betreuung mit der „Leitung" der GASP und damit automatisch des Außenministerrats, der Außenvertretung in GASP-Fragen, und ein Initiativrecht in Angelegenheiten der GASP gegenüber dem Rat (Art. 30 Abs. 1 EUV Liss.) vorgesehen. Seine Leitungsrolle umfasst auch die ESVP (Art. 18 Abs. 2 EUV Liss.). In seiner Schlüsselrolle für das auswärtige Handeln der EU trägt der Hohe Vertreter auch zur Kohärenz der GASP-Panels und anderer Bereiche des auswärtigen Handelns der Union bei (Art. 18 Abs. 4 EUV Liss.). Allerdings war zu bedenken, dass die Mitgliedstaaten der EU den Vertrag von Lissabon hinsichtlich der realen Befugnisse des Hohen Vertreters für außen- und sicherheitspolitische Entscheidungen zurückhaltend ausgestattet hatten. Die zentrale Leitungsfunktion für die GASP implizierte keine Befugnisse zur Mitentscheidung im Ministerrat. Es blieb dabei, dass der HR die ihm von den Mitgliedstaaten gesetzten Aufgaben zu führen hat, ohne selbst an diesen Entscheidungen konkret mitgewirkt zu haben.

Das Verhalten der Mitgliedstaaten seit der nach Lissabon verstrichenen Dekade europäischer und Weltpolitik hat deutlich gezeigt, dass die Regeln des Vertrags nur dann erfolgreich durch den Hohen Vertreter genutzt werden konnten, wenn die Mitgliedstaaten dazu geneigt waren, das Einstimmigkeitsprinzip durch die Mehrheitsentscheidung zu ersetzen. Die Rolle des HR als „Pseudoaußenminister" der EU blieb durch diese Beschränkung seiner Leitungsfunktionen eingegrenzt. Er kann, wie Mogherini im Fall des Iran-Atomabkommens gezeigt hat, außenpolitisch nur voll agieren, wenn er sich der eindeutigen Zustimmung aller Mitgliedstaaten der EU sicher weiß.

Europäische Außenpolitik zu gestalten wird daher für den Hohen Vertreter, nunmehr der frühere spanische Außenminister Josep Borrell, weiter ein schwieriger diplomatischer Balanceakt zwischen divergierenden nationalen Interessen bleiben. Die Kohärenz der Außenpolitik der EU hat sich daher weniger als in Lissabon erwartet durch die neue „Doppelhutfunktion" des HR erhöht und damit verbessert, als dass sie nach wie vor durch erfahrene diplomatische Persönlichkeiten, wie es Federica Mogherini war, geprägt wird. Diese hat dem Amt durch ihre umfassende diplomatische Aktivität größere Bedeutung gegeben. Als frühere italienische Außenministerin hatte Mogherini sich nicht nur im europäisch-amerikanischen Ringen um die von der EU gewünschte Aufrechterhaltung des seinerzeit von ihr mitgestalteten Atomabkommens mit Iran intensiv für die europäischen Belange eingesetzt. Sie hat auch die unmittelbaren regionalen Interessen der EU in

Osteuropa und darüber hinaus nicht vernachlässigt, so war sie im Berg-Karabach-Konflikt zwischen Armenien und Aserbaidschan vermittelnd mit dem Ziel einer friedlichen Beilegung der Auseinandersetzung tätig, und sie hat durch Vermittlung im Kaukasus-Konflikt gegenüber Russland ebenfalls europäische Interessen zur Geltung gebracht. Beim Bemühen um eine vorsichtige Linie zwischen den Aktionen des Hohen Vertreters und den Positionen zumindest der wichtigsten Mitgliedstaaten der EU konnte sie sich auf einen hochqualifizierten diplomatischen Apparat in Brüssel stützen, nämlich insbesondere auf die „Policy Unit" zur Vorbereitung der Treffen des Außenministerrats. Neben der vor allem für Krisenfälle wichtigen „Policy Unit" steht für das „normale Geschäft" europäischer Außenpolitik das wichtige – auf EPZ-Grundlage fußende – PSK der politischen Direktoren der Mitgliedstaaten mit zentraler Rolle („Achse") zwischen außen- und sicherheitspolitischen Stellen, also zwischen GASP und ESVP.

4. Das Europäische Parlament

Im Prozess der Ausformung einer europäischen Union hatte das Europäische Parlament (EP) im auswärtigen Bereich eher eingeschränkte Befugnisse. Doch zielte bereits die Stuttgarter Deklaration vom 19. Juni 1983 auf eine bessere parlamentarische Kontrolle einer gemeinsamen europäischen Außenpolitik. Sie stipulierte die Erörterung aller Fragen der Gemeinschaft, einschließlich der EPZ, durch das EP. Sie verpflichtete die jeweilige Ratspräsidentschaft, das EP regelmäßig über die im Rahmen der EPZ behandelten außenpolitischen Themen zu unterrichten. Ferner sollte die Präsidentschaft dem EP einmal jährlich auf einer Plenarsitzung Bericht über die Fortschritte im Bereich der politischen Zusammenarbeit erstatten. Die hier dem EP zugestandene Erörterung der für die EPZ bedeutenden Fragen fixierte seine umfassende Zuständigkeit für den außenpolitischen Bereich und damit auch die Erweiterung seiner Kompetenzen. Ein weiterer Schritt zum Ausbau der außenpolitischen Kontrollrechte des Europäischen Parlaments war der völkerrechtliche Vertrag der Einheitlichen Europäischen Akte, der für die zwölf Mitgliedstaaten 1987 in Kraft trat. Diese führte in ihrem Art. 30 Abs. 1 erstmals den Begriff „europäische Außenpolitik" als neue Grundnorm außenpolitischer Zusammenarbeit der Mitgliedstaaten ein, nämlich als Zielbestimmung das Bemühen um eine gemeinsame Politik in allen

Bereichen von gemeinsamem Interesse. Eine parlamentarische Kontrolle der EPZ durch das Europäische Parlament blieb erhalten, konnte allerdings nicht erweitert werden. Erst der Maastrichter Unionsvertrag brachte in Gestalt der GASP eine Erweiterung der außenpolitischen Kontrollbefugnisse für das EP. Nach einigen Zwischenstadien erhielt das EP mit dem Vertrag von Lissabon neue Mitentscheidungsbefugnisse bei Abschluss von Abkommen der EU mit anderen Staaten im auswärtigen Bereich. Die Beteiligung des EP im Bereich der exekutiven Gestaltung europäischer Außenpolitik blieb jedoch auf die Rechte des EP aus dem Vertrag von Nizza begrenzt. Das EP behielt weiterhin lediglich ein Anhörungs- und Unterrichtungsrecht. So ist der Außenbeauftragte (HR) der EU verpflichtet, das EP zu den wichtigen Fragestellungen der GASP zu unterrichten. Die Auffassungen des EP sind von den Regierungen in der EU gebührend zu berücksichtigen. Hier liegt zweifellos eine erhebliche Schwachstelle in der Beziehung des EP zum ausführenden Ministerrat. Eine Ex-post-Anhörung des Ratsvorsitzes durch das EP gewährt keinen Einfluss auf die außenpolitischen Handlungen der EU. Für das laufende außenpolitische Geschäft von GASP und ESVP wichtig bleibt lediglich das Frage- und Ausspracherecht, praktisch als Hebel der Einflussnahme auf die außen- und sicherheitspolitischen Aktivitäten der Regierungen. Das EP verfügt jedoch über keine echten Kompetenzen für eine gemeinsame Außenpolitik der Union. Es verfügt insbesondere über keine echte Entscheidungsbefugnis in außenpolitischen Fragen und hat nur begrenzte Kontrollrechte über die Angelegenheiten von GASP und ESVP.

Die Rolle des Europäischen Parlaments im Bereich der auswärtigen Politik der EU ist nach alledem eher marginal. Das EP verfügt indessen über Ausschüsse für u.a. auswärtige Angelegenheiten, Menschenrechte sowie gemeinsame Sicherheits- und Verteidigungspolitik. Das EP könnte damit ein angemessenes Kontrollinstrument mit notwendiger Expertise im auswärtigen und sicherheitspolitischen Bereich nutzen. Es versucht auch auf dem Umweg über die zur Finanzierung von GASP und ESVP notwendigen Budgetverhandlungen Druck auf den Rat auszuüben, um größere Kontrollrechte über die GASP zu erlangen. Tatsächlich haben jedoch die Nationalstaaten der EU eine stärkere Mitsprache des EP in Angelegenheiten der europäischen Außen- und Sicherheitspolitik zu verhindern gewusst. Bisher ist es bei der regelmäßigen Information und Konsultation des EP durch die jeweilige Ratspräsidentschaft und die Europäische Kommission geblieben. Insgesamt muss sich das EP mit der wachsenden Bedeutung der Außen- und Sicherheitspolitik der EU noch intensiver als es bisher geschieht mit aktuellen Fragen von GASP und ESVP befassen. Das auch für die europäische Flüchtlings- und Migrationspolitik wichtige Verhältnis zur Türkei, die Beziehungen der EU und insbesondere ihrer ost-/mitteleuropäischen Staaten zu Russland, die Besetzung der Krim, Verstöße gegen das Völkerrecht und die gesamte europäische Nachkriegsordnung, die Ukraine-Krise, die schwankende Politik der amerikanischen Trump-Administration stellen große Herausforderungen an die EU, ihr Parlament und ihre Mitgliedstaaten, den Frieden in Europa zu bewahren. Auch die Entwicklung im europäischen Gründungsmitgliedsland Italien – außenpolitisch bedeutsam für die europäischen Interessen im Mittelmeerraum und in Nordafrika – würde höhere Aufmerksamkeit des EP erfordern. Einen wichtigen Anstoß für verstärkte Aktivitäten der EU im Rahmen der GASP gab das EP mit der von ihm initiierten Schaffung des Europäischen Auswärtigen Dienstes (EAD)[17].

5. Die Europäische Kommission

Die Außenvertretung der EU auf den Gebieten außerhalb der GASP wird auch durch die Europäische Kommission und ihren Präsidenten wahrgenommen (Art. 17 Abs. 1 EUV Liss.). So sprach sich der damalige Kommissionspräsident Juncker 2018 für mehr Mehrheitsentscheidungen in der Außenpolitik der EU aus, ohne dass dieser Forderung unter der neuen Präsidentin Ursula von der Leyen konkrete Umsetzungsvorschläge seitens der Kommission gefolgt wären. Mit lediglich humanitären Hilfen wurden politische Konfliktlösungen für Syrien und Jemen unterstützt, in Afrika auch im Zusammenwirken mit der Afrikanischen Union die Rückführung der Migranten. Nach der amerikanischen Aufkündigung des Nuklearabkommens mit Iran machte Kommissionspräsident Juncker gemeinsam mit der Hohen Vertreterin Mogherini gegenüber Teheran den Wunsch der EU deutlich, an dem Abkommen (auch aus sicherheitspolitischen Gründen) festzuhalten.

---

17 Vgl. P7_TA(2010)0208 Legislative Entschließung des Europäischen Parlaments vom 8. Juli 2010 zu dem Vorschlag für einen Beschluss des Rates über die Organisation und die Arbeitsweise des Europäischen Auswärtigen Dienstes.

6. Der Europäische Auswärtige Dienst

Der EAD untersteht laut Art. 27 Abs. 3 EUV (Lissabon) und Art. 221
AEUV (Delegationen der Union) dem Hohen Vertreter (HR) für Außen-
und Sicherheitspolitik. Der EAD unterstützt diesen bei der Formulierung,
Ausarbeitung, Festlegung und Durchführung der gemeinsamen Außen- und
Sicherheitspolitik. Der EAD trägt ferner Sorge für die Abstimmung des
auswärtigen Handelns der EU sowohl auf der Brüsseler Ebene, wie auch
gegenüber den Außenpolitikern der jeweiligen Mitgliedsstaaten der EU.
Der EAD wurde 2010 als eine „funktional eigenständige Einrichtung der
Europäischen Union"[18] im Rat installiert, wobei auch seine strukturelle
Zusammensetzung festgelegt wurde. Der EAD wird von einem geschäfts-
führenden Generalsekretär geleitet, der unmittelbar dem Hohen Vertreter
unterstellt ist. Außer mehreren Generaldirektionen für einzelne Länder,
Regionen und speziellen Themata wurden Strukturen des zivil-militärischen
Krisenmanagements der EU in den EAD integriert, so die Direktion „Kri-
senmanagement und Planung", der Stab für Planung und Durchführung
ziviler Operationen, der EU-Militärstab und das EU-Lagezentrum.

Die weltweit über 140 Delegationen der Union, die aus Delegationen
der Europäischen Kommission hervorgegangen sind, unterstehen gleichfalls
dem Hohen Vertreter. Sie vertreten die Union völkerrechtlich[19] als deren
Botschafter. Bedienstete aller Organe der EU können sich für Stellen des
EAD bewerben, der Anteil des Personals aus den nationalen diplomatischen Diensten soll ein Drittel nicht überschreiten. Insgesamt werden derzeit
wohl mehr als dreitausend Mitarbeiter aufgeführt. Vor allem das Europäische Parlament legte großen Wert neben ihrer sachlichen Befähigung
insbesondere auf das Kriterium der geographischen Ausgewogenheit der
Bewerber und Bewerberinnen, um die durch die EU-Erweiterung neu hinzu

---

18 P7_TA(2010)0208, S. 427.
19 In der Regel kommt bei der Tätigkeit des EAD die Pflicht zu einer engen Zusam-
    menarbeit mit anderen Unionsorganen eine besonders große Bedeutung zu.
    Demzufolge unterstützt der EAD die Dienststellen der Kommission und des
    Generalsekretariats des Rates und arbeitet mit ihnen zusammen, um die Kohä-
    renz zwischen den einzelnen Bereichen des auswärtigen Handelns der Union
    sicherzustellen.

gekommenen Bewerber aus den jungen EU-Mitgliedsstaaten angemessener berücksichtigen zu können.

Zusammensetzung und weitere Ausgestaltung des EAD nach einem später vorliegenden Ratsbeschluss zeigen, dass der EAD durch seine Anbindung an die „Policy Unit" des Ratssekretariats in möglicherweise sehr enger Verbindung mit den Mitgliedstaaten der EU bleiben würde. Angesichts des großen administrativen Aufwands mit mehreren hundert Mitarbeitern sind die bisherigen Ergebnisse der Arbeiten des EAD „als eine funktional eigenständige Einrichtung" (Ratsbeschluss vom 26.7.2018) – von einer erfolgreichen Zusammenarbeit mit der Hohen Vertreterin abgesehen – bisher allerdings als eher bescheiden zu bewerten. Nicht so sehr die früher befürchtete mangelnde Kohärenz des Auswärtigen Dienstes aufgrund der Ausklammerung wichtiger Bereiche wie Nachbarschafts- und Entwicklungspolitik aus dem EAD, als vielmehr mangelnde Konzentration auf wesentliche Probleme, wie Ukraine, Syrien und Libyen, wirken eher negativ.

7. Das politische und sicherheitspolitische Komitee (PSK)

Dem aus den politischen Direktoren der Außenministerien der Mitgliedsstaaten zusammengesetzten politischen Steuerungskomitee PSK fällt – wie seinerzeit in der EPZ – eine Schlüsselrolle bei der Gestaltung der GASP und ESVP, auch in Abstimmung mit dem EAD und nunmehr unter Leitung des Hohen Vertreters für Außen- und Sicherheitspolitik, zu. Da die politischen Direktoren gleichzeitig als engste außenpolitische Ratgeber ihrer Außenminister fungieren, fallen im PSK bereits weitgehend die außenpolitischen Vorentscheidungen des Rats der Außenminister und präjudizieren darüber hinaus auch die grundsätzlichen diesbezüglichen Entscheidungen des ER.

8. Der Ausschuss der ständigen Vertreter (AStV II)

Zweifellos spielt der ASTV II – zusammengesetzt aus den Botschaftern der Mitgliedsländer der EU – im Beschlussfassungsprozess der EU eine zentrale Rolle zur Vorbereitung und Durchführung von Ratsentscheidungen mit politischen Themen im Bereich von GASP.

Der AStV II ist sowohl Dialogforum zwischen den Mitgliedsländern, wie auch politisches Kontrollgremium für die Sachverständigengruppen. Der AStV II kann dem Rat Handlungsvorschläge unterbreiten, er hat Vorrang

vor anderen – eigenständigen – Ausschüssen des Rates für bestimmte Bereiche. Es wäre daher falsch dem AStV II eine bloße „Briefträger-Funktion"
zwischen den nationalen Regierungen und der Abstimmung im Rat zuzu-
schreiben, zumal auf der Ebene des AStV die Aushandlung von Kompromis-
sen in Form von Paket-Lösungen das Entscheidungsverfahren der Minister
durchaus beeinflussen kann.

9. Die Rats-Arbeitsgruppen

Im Rahmen der GASP entfalten eine Reihe von Arbeitsgruppen ihre Tätigkeit entsprechend Art. 27 (3) EUV (Liss.) zur Erfüllung der Aufgaben des
Hohen Vertreters. Die Gruppen befassen sich mit den rechtlichen, finanziellen und institutionellen Fragen der GASP, so etwa die Gruppe der
Referenten für Außenbeziehungen (RELEX) mit Krisenbewältigungsope-
rationen, Finanzierung des auswärtigen Handelns, sowie der Überwachung
und Bewertung von restriktiven Maßnahmen (Sanktionen), der Ausschuss
für die zivilen Aspekte der Krisenbewältigung (CIVCOM), die Gruppe
„Afrika" (COAFR) zur Steuerung der EU Außenpolitik in dem 46 Länder
umfassenden Afrika südlich der Sahara und gegenüber der Afrikanischen
Union, ferner die Gruppe „Westliche Balkanstaaten" (COWEB), die sich
mit den Beziehungen der EU zu Albanien, Bosnien Herzegowina, Nordmazedonien und – bedingt – Kosovo befasst.

Eine wichtige Aufgabe der Arbeitsgruppen war bisher offenbar die politische Kontrolle der bestimmungsgemäßen Verwendung von Subventions-
zahlungen der EU. Insbesondere im Verhältnis der Rats-Arbeitsgruppen zur
Staatengruppe „Westliche Balkanländer" konnten bisher – mit Ausnahme
von Nordmazedonien – keine durchgreifenden politischen Fortschritte seitens der Arbeitsgruppen verzeichnet werden. Diese Feststellung gilt insbesondere für die politisch weiter instabile Situation im Verhältnis Kosovo
zu Serbien.

IV. Wichtige Aktionsbereiche der GASP/ ESVP

Nach Absteckung eines theoretischen Rahmens für die Akteure der GASP soll dieser im Folgenden empirisch an einigen Länderbeispielen der außenpolitischen Praxis der EU ausgefüllt werden. Die anschließende Untersuchung zeigt allerdings einen aktuellen Stand europäischer Außenpolitik, der keine größere Dynamik im Sinne einer gemeinsamen europäischen außenpolitischen Strategie erkennen lässt. Wenn auch der Vertrag von Lissabon die strukturellen Grundlagen einer gemeinsamen Politik weiter gestärkt hat, bleibt das europäische außenpolitische Engagement in der Praxis, bedingt durch mangelnde Unterstützung seitens der 28 Mitgliedstaaten wie aufgrund innereuropäischer Spannungen, erheblich hinter den hochgespannten Erwartungen der europäischen Öffentlichkeit zurück.

1. Iran

Eine durchaus eigenständige Rolle zeigte die EU in ihrer Außenpolitik bei der Emanzipation von der rigiden Politik der USA gegenüber Iran in den Jahren ab 2003. Die Außenminister Frankreichs, Großbritanniens und Deutschlands, gestützt durch die GASP-Außenbeauftragten, durchkreuzten den amerikanischen Versuch, das 2015 von den Vertretern der EU und den Atommächten Russland, China und USA mit Iran geschlossenen Nuklearabkommen[20] nach seiner Kündigung 2018 durch die USA auch durch die Europäer aufkündigen zu lassen, da die EU das Abkommen als wichtigen Baustein der politischen und wirtschaftlichen Stabilisierung im Nahen Osten betrachtet. Auch 2019 stellten die Außenminister der Staaten der EU trotz amerikanischen politischen Drucks fest, dass aus wirtschaftlichen und politischen Gründen an den, Iran begünstigenden, Regelungen des Atomabkommens festgehalten werden soll. Die Außenbeauftragte stellte seitens der EU 2019 erneut klar, dass es hierbei in der europäischen Politik gegenüber

---

20 Zu Einzelheiten des diplomatischen Ringens der europäischen Außenminister mit Iran und den USA über die Kontrolle des iranischen Atomprogramms vgl. Jens-Christian Gaedtke, Europäische Außenpolitik, S. 242 ff.

Iran weniger um für Iran vitale Wirtschaftsfragen, sondern vielmehr um die Sicherheitslage im gesamten nah- und mittelöstlichen Raum gehe. Dieser Sichtweise haben sich laut der Außenbeauftragten auch Mitgliedstaaten wie etwa Polen angeschlossen, die anfangs die politischen Erwägungen des Festhaltens am Atomabkommen verkannt hätten. Im Mai 2019 trat das vom amerikanischen Präsidenten verhängte Embargo für Erdölexporte aus Iran und Finanztransaktionen mit Iran in Kraft. Mit diesen Sanktionen ist es den USA zwar gelungen, die Iran-Geschäfte europäischer Groß- und Mittelfirmen weitgehend zum Stillstand zu bringen. Das „Europa der 28" setzt sich nunmehr jedoch gegen die Handelssanktionen mit der Gründung einer „Zweckgesellschaft" („Special Purpose Vehicle") zu Wehr, damit kleineren und mittleren europäischen Unternehmen Iran-Geschäfte ohne Dollarbasis ermöglicht werden.

Für das Wirken einer gemeinsamen europäischen Außenpolitik auf Basis einer abgestimmten Position von Kommission und Mitgliedstaaten war es das Verdienst der EU-Außenbeauftragten Mogherini, in konkreten Gesprächen mit dem iranischen Außenminister und in Abstimmung mit den anderen Abkommenspartnern China und Russland den weiteren Bestand des Atomabkommens durch Handelserleichterungen abzusichern und damit die Iran gewährten europäischen Handelserleichterungen möglichst aufrechtzuerhalten. Bundeskanzlerin Merkel unterstützte dieses Vorgehen Mogherinis. Sie bezeichnete das Abkommen – gegen die atomare Aufrüstung Irans – als ein solches zwar mit Schwächen, aber die Europäer sollten dazu stehen. Gemeinsames Handeln der Europäer in der Frage der Absicherung des Atomabkommens bedeutet auch Sicherung der gemeinsamen europäischen Souveränität durch gemeinsames außenpolitisches Handeln. Angesichts der negativen Haltung der USA zum Atomabkommen erfordert allerdings die von Iran ausgehende nukleare Bedrohung im Kräftefeld Iran–Saudi-Arabien–Syrien–Türkei–Israel ein nachdrückliches politisches Einwirken der Europäischen Union sowohl auf Iran wie auf die das Abkommen gefährdende Großmacht USA. Ob die Auseinandersetzungen über die freie Passage durch die Meerenge von Hormus für Erdöltransporte aus Iran die Beteiligung einer „europäischen Seeschutzmacht" erfordert, wurde bisher nicht entschieden.

Wenn es auch der europäischen Politik nicht gelang, durch ihr spezielles wirtschaftliches Instrument die amerikanischen Sanktionen gegen Iran mit ihren Auswirkungen auf europäische Unternehmen wesentlich abzufedern, so ist es der europäischen Außenpolitik bisher gelungen, den Bestand des Atomabkommens mit Iran zu erhalten und damit die Gefahr kriegerischer Auseinandersetzungen um Iran im Nahen Osten zu minimieren. Einer Initiative des französischen Präsidenten Macron folgend, haben die europäischen Außenminister ferner eine Mittlerposition zwischen Iran und den USA bezogen, indem sie ein politisch verbessertes Atomabkommen mit Iran zu initiieren versuchten. Demgemäß sollte ein kompletter iranischer Verzicht auf Nuklearaufrüstung durch eine gänzliche Aufhebung des amerikanischen Exportembargos gegen Iran kompensiert werden. Falls es zu dieser Vereinbarung kommen sollte, wäre dies ein Erfolg europäischer Außenpolitik zur Sicherung von politischem Frieden und wirtschaftlicher Stabilität im gesamten Nahen Osten.

2. Türkei

Die tiefgreifenden außenpolitischen Divergenzen im Syrien-Konflikt und der 2019 erfolgte amerikanische Truppenabzug aus Nordostsyrien, der Assad, Russland und vor allem der Türkei das dortige politisch-strategische Spielfeld überlässt, haben die politischen Beziehungen zwischen der EU bzw. ihren Mitgliedstaaten und Ankara schwer belastet. Öffentliche Aufforderungen der EU an die Türkei, ihren gegen die Kurden in der sogenannten „Sicherheitszone" gerichteten militärischen Einmarsch in Syrien umgehend zu beenden, wurden von Staatspräsident Erdoğan mit der Drohung der Abschiebung von 3,6 Millionen syrischen Flüchtlingen aus der Türkei nach Europa beantwortet und damit das 2016 abgeschlossene Abkommen EU – Türkei über den Stopp illegaler Flüchtlings- und Migrationsströme aus der Türkei über die Ägäis in Frage gestellt. Dabei steht angesichts der weiter hohen registrierten Flüchtlingszahlen in der Türkei fest, dass diese auch in Zukunft eine Hauptlast der syrischen Flüchtlingsbewegung zu tragen hat, die sich durch die Kämpfe in Nordostsyrien und in der Enklave Idlib weiter verstärken könnte. Wenn auch die Zahlen der über die Ägäis nach Griechenland Flüchtenden in letzter Zeit etwas zugenommen haben, bleibt allerdings das politische Abkommen der EU mit der Türkei über Migrationspolitik ein tragender Pfeiler der europäisch-türkischen Beziehungen und ein Erfolg gemeinsamer europäischer Außenpolitik. Während sich einige europäische Politiker (v.a. Außenminister Maas) kritisch zu dem – von Russland unterstützten – gewaltsamen türkischen Vorgehen in Syrien äußerten, ohne allerdings konkrete europäische Lösungen anzubieten, unternahm die deutsche Verteidigungsministerin Kramp-Karrenbauer öffentlich einen „europäischen" Vorstoß, indem sie Interventionen europäischer Streitkräfte unter UNO-Führung in Nordostsyrien vorschlug. Nachdem andere „europäische" Lösungsvorschläge nicht vernehmbar waren und dieser Vorschlag von türkischer Seite auch daher als „nicht mehr realistisch" bezeichnet wurde, hatte für die Beziehungen EU – Türkei umso größeres Gewicht, dass sich der damalige EU-Haushaltskommissar Oettinger am 26. Oktober 2019 nachdrücklich dafür aussprach, der Türkei in den nächsten Jahren seitens der EU hohe Finanzhilfen zu gewähren, um sie in die Lage zu versetzen, ihrer Schlüsselfunktion im Verhältnis Europa – Naher Osten voll gerecht zu werden. Oettinger wies zu Recht darauf hin, dass die Türkei mit der Flüchtlingsaufnahme die Aufgabe übernehme, die andernfalls die Europäer selbst zu übernehmen hätten. Da die EU die Sicherung ihrer Außengrenzen bisher nicht ausreichend vornimmt und keine Lösung für den Syrien-Konflikt vorzuweisen hat, müsste sie notgedrungen Erdoğans Druck nachgeben und die Finanzhilfen an die Türkei weiterführen oder sogar – so Oettinger – im Sinne einer „ehrlichen Partnerschaft" verstärken.

Die weite Schwankungsbreite der Beziehungen zwischen der EU und der Türkei erlaubt keine Voraussagen über ihre künftige Entwicklung. So hatte Manfred Weber, der Hauptkandidat der christlich-konservativen EVP für die Europawahl, bekräftigt, dass die Türkei kein Mitglied der EU werden könne, weil sie die Werte Europas nicht teile, wozu religiöse Toleranz gehöre. Der muslimische Gottesstaat habe keinen Platz in der Tradition des aufgeklärten Europa. Das Hin und Her bei der Bewertung der türkischen Kommunalwahlen vom 31. März 2019, die strittige Wiederholung der Oberbürgermeisterwahl von Istanbul schien diese europäische Skepsis zu bestätigen. Dennoch benötigt die EU stabile Beziehungen zu Ankara – wegen der großen geostrategischen Bedeutung der Türkei vor allem auch als Transit- und Aufnahmeland für ca. 3,6 Millionen syrische Flüchtlinge und als politisch-wirtschaftliche Brücke zwischen Europa und dem gesamten Nahen und Mittleren Osten. Die Türkei ist für die EU außenpolitisch ein zentraler Partnerstaat. Für die Türkei bleibt andererseits das Europa der EU Kernpartner bei Handel, Tourismus und Investitionen. Die Türkei wäre auch ein wichtiger Faktor für die Sicherheit der EU – auch durch ihren möglichen Beitrag zur ESVP[21].

In den Jahren vor 2016 hatte die EU wenig zur Sicherung ihrer Außengrenzen getan. Balkanroute und Ägäis-Überfahrten standen für politische Flüchtlinge und Wirtschaftsmigranten weit offen. Angesichts des sich 2015 dramatisch ausweitenden Flüchtlings-/Migrantenstroms über die Ägäis nach Europa hatten im März 2016 nach einem Sondergipfel EU – Türkei Bundeskanzlerin Merkel und der amtierende EU-Ratspräsident Mark Rutte (Niederlande) mit dem türkischen Ministerpräsidenten Ahmet Davutoğlu ein Rahmenabkommen EU – Türkei zum Schutz der Außengrenzen der EU abgeschlossen, das insbesondere zur Schließung der sogenannten Balkanroute für illegale Migranten führen sollte.

Dieses Abkommen der EU sollte einen wichtigen Schritt zu einer „europäischen Lösung" der Flüchtlingskrise bieten. Es erbrachte – unabhängig vom schleppenden Stand der Verhandlungen über einen möglichen türkischen EU-Beitritt, der dornigen Zypern-Frage und der prekären innertürkischen Lage – einen politischen Interessenausgleich zwischen der EU und der Türkei. Es hat bisher im Wesentlichen gehalten und damit auch Tragfähigkeit bewiesen. Das Abkommen bleibt, ungeachtet bisher insgesamt eher geringer Reduzierung des Asylantenzuzugs über die Ägäis, ein konkreter Pfeiler europäischer Außenpolitik gegenüber der Türkei. Diese wurde – trotz zunehmender politischer und wirtschaftlicher Schwächen – für die EU zu einem Stabilitätsvermittler für die Nahostregion. Hauptpunkte der Vereinbarung EU – Türkei sind:

– Einmalige Rückführung aller Migranten, die unerlaubt aus der Türkei auf die griechischen Inseln übersetzen.
– Eine geordnete Aufnahme von legalen syrischen Bürgerkriegsflüchtlingen durch die Staaten der EU.
– Beschleunigte Auszahlung von zunächst 3 Milliarden Euro Hilfsgeldern, die der Türkei im November 2015 für die Versorgung von Flüchtlingen im eigenen Land wie in Syrien zu Verfügung gestellt wurden.
– Beschleunigung des Verfahrens zur Aufhebung der Visumpflicht für türkische Staatsangehörige bei Einreise in die EU.

---

21 Vgl. Şahingöz, S. 102.

Das von der deutschen Bundeskanzlerin und der EU-Außenbeauftragten 2016 initiierte Abkommen brachte letztlich für beide Unterzeichner substanzielle politische und insbesondere für die Türkei wirtschaftlich-finanzielle Vorteile. Für die EU, vor allem für ihren Mitgliedstaat Deutschland, implizierte das politische Abkommen vom 18. März 2016 eine erhebliche Abschwächung des Zustroms illegaler Flüchtlinge und Migranten aus dem Nahen Osten und aus Afrika über die Türkei und die Ägäis nach Europa. Ohne erkennbare Fortschritte bei Demokratie und Menschenrechten floss durch das Abkommen eine beträchtliche europäische Finanzhilfe für die mehr als 3,6 Millionen insbesondere syrischen Bürgerkriegsflüchtlinge in der Türkei nach Ankara – weitere 3 Milliarden Euro sind zugesagt. Die Ägäis sollte durch das Abkommen zu einer geografischen Barriere für illegale nahöstliche und afrikanisch-arabische Flüchtlinge und Migranten werden, nachdem Griechenland als Mitgliedstaat der EU seit 2014 bereits etwa 60.000 Flüchtlinge und Migranten aufgenommen hatte.

Das politische Abkommen EU – Türkei im Zusammenhang mit der Schließung der sogenannten Balkanroute und als Ausdruck einer Absicherung Europas gegenüber dem Flüchtlingsstrom über die Ägäis kann heute – nach seiner jahrelangen Bewährung – für eine Lösung der Flüchtlingskrise im östlichen Mittelmeerraum kaum noch in Frage gestellt werden. Dass als Partner Europas auf türkischer Seite der ausschließlich machtpolitisch ausgerichtete Staatspräsident Erdoğan agiert, ändert an diesen für die Interessen der EU und ihrer Mitgliedstaaten günstigen Auswirkungen des Abkommens nichts. Die Türkei-Vereinbarung der europäischen hat zudem auch eine weitere, zukunftsgerichtete Zielsetzung, da sie – angesichts eines noch andauernden syrischen Bürgerkriegs – auch erhebliche Bedeutung bei der Betreuung weiterer syrischer Flüchtlinge durch die Türkei (etwa aus der Enklave Idlib) erlangen könnte.

Die EU hat auch deswegen nachdrücklich an den türkischen Präsidenten appelliert, den Militäreinsatz gegen die kurdische Minderheit in Nordostsyrien umgehend zu beenden – ungeachtet türkischer Drohungen, das Abkommen mit der EU durch Lockerung der Ausreise syrischer Flüchtlinge aus der Türkei zu unterlaufen. Für das politische Interesse der EU an der Aufrechterhaltung des Abkommens von 2016 spricht die weitere Gewährung umfangreicher Finanzhilfe für syrische Flüchtlinge in der Türkei, auf die auch die labile türkische Wirtschaft ungeachtet der präsidentiellen

Erpressungsversuche in der Flüchtlingsfrage dringend angewiesen bleibt. Mit ihrer erfolgreichen Intervention in Libyen zugunsten der von der UNO legitimierten und von Italien anerkannten Zentralregierung Sarradsch in Tripolis trägt die Türkei in ihrer Sicht zur Stabilisierung im westlichen Mittelmeerraum und in Nordafrika bei und entspricht damit den politischen Interessen der EU, soweit Spannungen mit Griechenland vermieden werden.

3. Syrien

Eine von Staatsführern wie Bundeskanzlerin Merkel und Präsident Macron sowie vom ehemaligen deutschen Außenminister Gabriel nachdrücklich geforderte gemeinsame europäische Außenpolitik war in dem seit über fünf Jahren andauernden Syrien-Konflikt niemals existent. Diese europäische Abstinenz von der Kontrolle über einen Europa fast unmittelbar benachbarten Krisenherd war umso unverständlicher, als in Syrien wichtige europäische Interessen wirtschaftlicher – wie Erdölversorgung – und politischer Art – wie Vermeidung größerer Flüchtlingsströme als zentrales Anliegen der EU – auf dem Spiel standen. Während in der europäischen Öffentlichkeit hartnäckig der Sturz des alawitischen Diktators Assad gefordert wurde, breitete sich im säkularen Syrien Assads – der immerhin den Christen Religionsfreiheit garantiert hatte – die islamistische Jihadistensekte „Islamischer Staat" (IS) bis nach Nordirak aus, gegen die die von den USA unterstützte oppositionelle „Freie Syrische Armee" zunächst nur geringe Erfolge erzielen konnte. Gegen die USA gelang es jedoch Assad – mit Hilfe Russlands –, seine erschütterte Herrschaft in Syrien zu festigen und fast das gesamte Staatsterritorium wieder unter Kontrolle der von der UNO anerkannten syrischen Regierung zu bringen. Nicht an syrische Oppositionelle, sondern an kurdische Peschmerga in Nordirak, die dort gegen den IS gekämpft hatten, lieferte Deutschland als Mitgliedstaat der EU Waffen. Eine Unterstützung der Opposition in Syrien zur Förderung wichtiger politischer oder wirtschaftlicher Anliegen Europas durch politische oder militärische Maßnahmen der EU und ihrer Mitgliedstaaten erfolgte nicht, wenn man von Beobachtungsflügen deutscher und französischer Aufklärer absieht. Vielmehr blieb es bei „wohlmeinenden" Erklärungen deutscher und französischer Politiker mit dilatorischen Hinweisen, sich für den Fall eines erneuten Giftgaseinsatzes gegen die Zivilbevölkerung den von US-Präsident

Trump abgegebenen militärischen Drohungen gegen das syrische Regime anzuschließen. Dabei behielt sich Frankreich eigene, nationale Luftschläge vor, Deutschland zeigte lediglich Bereitschaft zu einem humanitären Beistand (so auch Außenminister Maas).

Die Schwäche der europäischen Haltung, auch in der Endphase des Syrien-Dramas, konnte kaum deutlicher werden. Großer Gewinner des syrischen Bürgerkriegs bleibt Russland, nicht nur durch seine militärischen Erfolge, die letztlich zum Rückzug der restlichen amerikanischen Truppen aus Syrien führten, sondern auch realpolitisch durch Ersetzung des einstmals westlichen, also französischen, britischen und amerikanischen Einflusses durch sein eigenes machtpolitisches Gewicht. Während sich nur einige wenige Mitgliedstaaten der EU, zögerlich den USA folgend, zu Lufteinsätzen gegen Assads Armee im Fall erneuter Giftgaseinsätze bereit erklärten, kam Russland dem bedrängten Assad-Regime als der „legitimen Regierung" mit seiner Luftwaffe massiv zu Hilfe. Entscheidend für diese Zurückhaltung im Syrien-Konflikt war nicht nur die politische und militärische Unfähigkeit des Westens, insbesondere der USA, in Syrien eine geschlossene „demokratische Opposition" und die sogenannte „Freie Syrische Armee" wirkungsvoll zu unterstützen, sondern auch das diplomatische Schweigen und die Untätigkeit der EU und ihrer Mitgliedstaaten in einer für das „Europa der 28" bedrohlichen Situation. Das EU-Türkei-Abkommen von 2016 bot einen unsicheren Rettungsanker, um das weitere Einströmen von Flüchtlingsmassen nach Europa in der Endphase des syrischen Bürgerkriegs und darüber hinaus zu verhindern. Für eine Rückführung syrischer Flüchtlinge aus der EU, insbesondere aus dem zum Teil überlasteten Deutschland, und eine entsprechende europäische humanitäre Vereinbarung mit Assad würde nunmehr eine russische Unterstützung notwendig. Realpolitisch bedeutete dies, dass die EU und ihre Mitgliedstaaten die faktische Dominanz Assads und Russlands in Syrien akzeptieren müssten, um zu tragfähigen humanitären Rückführungsvereinbarungen zu kommen. Hierin läge eine große diplomatische Aufgabe für eine gemeinsame europäische „Mittelmeerstrategie". Zu Recht ist zur russischen Politik im syrischen Bürgerkrieg von einem deutschen Historiker kürzlich angemerkt worden, dass Russland nur eine Gelegenheit gesucht habe, die ihm eine wenig durchdachte westliche Politik eröffnete, die von naiver Selbstüberschätzung, strategischer Fehleinschätzung und einem immer wieder wahrnehmbaren Zurückschrecken vor unkalkulierbaren Risiken geprägt war[22]. Macht- und Realpolitik leiten wie seinerzeit 1916 die Politik des Westens und heute die Politik Russlands im syrischen Bürgerkrieg, auch wenn die von Russland dafür angewandten Mittel aus europäischer Sicht politisch und völkerrechtlich fragwürdig bleiben. Auch in der nun mehrjährigen Endphase des syrischen Bürgerkriegs und bei der Intervention der Türkei gegen die Kurden in Nordsyrien, die neue Flüchtlingsströme befürchten lässt, ist die EU nur mit einigen Rüstungsexportverboten präsent. Die humanitären Botschaften aus Brüssel allein blockieren nicht eine endgültige Rückeroberung Syriens durch Assad und die Gefahr neuer, Europa bedrohender Flüchtlingsströme. Der türkisch-russischen Machtallianz wagten weder die USA noch die Europäische Union außenpolitisch und militärisch entgegenzutreten. Sporadische Friedensgespräche unter UNO-Vermittlung in Genf und Russlands, der Türkei und Irans in Astana (Kasachstan) sind sukzessive gescheitert, nicht zuletzt am Fehlen einer geschlossenen syrischen Opposition und eines einheitlichen europäischen Auftretens. Eine 2017 vorgelegt Syrien-Strategie der EU-Außenpolitik hatte eine detaillierte Wiederaufbaulösung für den Fall einer politischen Einigung vorgesehen und damit Schritte zu einer alle Konfliktparteien einbeziehenden politischen Übergangslösung zum Gegenstand, trug aber der sich realpolitisch zugunsten des Assad-Regimes entwickelnden Lage nicht Rechnung.

Die Aufrüstung der syrischen Armee durch Russland steht weiterhin in eklatantem Widerspruch zu offiziellen Erklärungen von Präsident Putin für einen Abzug aller ausländischen Truppen (einschließlich der russischen) nach einem endgültigen Sieg des Assad-Regimes. Russland hat langfristige Stationierungsverträge für seine Luft- und Seestreitkräfte mit der syrischen Regierung abgeschlossen. Es bleibt auch unklar, ob und inwieweit die Streitkräfte Irans in Syrien (sog. Hisbollah), die auch eine Bedrohung für Israel darstellen, den Gleichgewichtszustand in der Region gefährden könnten. Angesichts dieser politischen und militärischen Unwägbarkeiten für eine zukünftige friedliche Stabilisierung Syriens dürfte ein Hauptanliegen gemeinsamer europäischer Außenpolitik in diesem Raum, nämlich die Unterbindung von Flüchtlingsströmen aus Syrien über das Mittelmeer,

---

22 Herfried Münkler, FAZ vom 6.10.2018, S. 21

die Türkei und die Ägäis nach Kerneuropa und die Rückführung syrischer Flüchtlinge aus der EU über die Türkei in ihr Heimatland, noch auf unsicheren Grundlagen stehen. Für eine notwendige stärkere politische und wirtschaftliche Beteiligung der EU an einer Lösung des syrischen Konflikts spricht, dass ohne eine umfangreiche Hilfe Europas an einen Wiederaufbau Syriens kaum gedacht werden kann. Wichtig bleibt, dass eine europäische Gesamtstrategie zu Syrien sich im Kern auf einen deutsch-französischen Schulterschluss stützen müsste und im Wesentlichen auf eine Absprache mit Russland, um so Assad zur Akzeptanz europäischer Friedens- und Wiederaufbauvorschläge zu bringen. Für die Nahost-Politik der EU könnte Russland, das laut Putin in dieser Region bewusst laizistische Staaten wie Syrien und die Türkei unterstützt, für die EU erheblich von Bedeutung zur Eindämmung der Migrationswelle nach Europa werden.

4. Ägypten/Nahost-Konflikt

An einer gemeinsamen europäischen Außenpolitik für das nahöstliche Kräftefeld fehlte es in der Vergangenheit (seit dem ER Lissabon) nicht nur gegenüber Syrien, Libyen und den Maghrebstaaten. In der dornigen Frage des Konflikts zwischen Israel und den Palästinern blieb die Europäische Union weiterhin gespalten, wobei die EU-Außenbeauftragte Mogherini ungeachtet der einseitigen Entscheidung der USA (vom Januar 2018), Jerusalem als Hauptstadt Israels anzuerkennen, vornehmlich weiter auf eine Schlüsselrolle der USA im Nahost-Konflikt abstellte. Bisher haben neun von 28 Mitgliedstaaten der EU einen palästinensischen Staat offiziell anerkannt und für eine Zwei-Staaten-Lösung mit Jerusalem als Hauptstadt dieser zwei Staaten plädiert. Der EU bleibt daher kaum eine andere Option, als auf eine konstruktivere Haltung der USA im Palästina-Konflikt zu setzen, die sich jedoch nicht abzeichnet, sondern mit der kürzlichen Streichung des amerikanischen finanziellen Beitrags für die UNO-Hilfe für Palästina-Flüchtlinge eher zu verschlechtern droht.

War die EU im Syrien-Konflikt strategisch-militärisch als Machtfaktor faktisch mehr als fünf Jahre nicht existent, so gilt die gleiche Feststellung vermehrt für die europäische außenpolitische Abstinenz in der Palästina-Frage, in der die EU doch bereits 1980 mit ihrer Erklärung von Venedig und damit impliziter Anerkennung eines Palästina-Staates einen markanten außenpolitischen Akzent gesetzt hatte, der mit der Berliner Erklärung von 1999 bekräftigt werden sollte. Weiter unklar bleibt eine geschlossene Haltung der EU zur möglichen Annexion eines Drittels des Jordanlands durch Israel und damit Gefährdung einer Zweistaatenlösung. So erklärte der HR der EU am 15. Juni 2020 dem US-Außenminister Pompeo, dass es Grenzverschiebungen nur mit Zustimmung der Palästinenser geben dürfe und diese ein zusammenhängendes lebensfähiges Gebiet behalten müssten. Außenminister Maas wies darauf hin, dass er bei kürzlichem Besuch in Israel und Jordanien auf einen konkreten Verhandlungsvorschlag auch der palästinensischen Seite gedrungen habe. Das Gewicht der EU sei groß genug, um in diesem Rahmen eine Rolle zu spielen. Einseitige Schritte würden die Sicherheitsarchitektur in der Region maßgeblich destabilisieren.

Der Gipfel von Sharm el Sheikh von EU und Arabischer Liga am 25. Februar 2019 hat allerdings eine gewisse Flexibilität in der auswärtigen Diplomatie der EU gegenüber der arabischen Welt unter Beweis gestellt. Ungeachtet der innenpolitisch harten Militärdiktatur in Ägypten konnte sich die europäische Außenpolitik – nach einiger Kritik an der Repression gegenüber den Muslimbrüdern – in ihrer Annäherung an Kairo in den Jahren 2018/19 auch durch die zuvorkommende Behandlung der ägyptischen Kopten (Christen) durch das Militärregime bestätigt fühlen. Die staatliche Förderung der Errichtung neuer koptischer Kirchen unterstreicht den Willen des Regimes, die ägyptischen Christen wie Muslime als Bestandteil der nationalen Einheit des Landes zu betrachten und ihnen hinreichend nationalen Schutz zu gewähren.

In der Vergangenheit fiel im gesamten Bild gemeinsamer europäischen Außenpolitik im Mittelmeer- und Nahostraum nicht nur das unzureichende oder sogar fehlende Engagement in den Krisenherden Syrien, Palästina und Libyen auf, sondern auch eine weitgehende Ausklammerung bzw. Nichtberücksichtigung Ägyptens. Das Land hofft heute auf stärkere Unterstützung durch die EU wegen der Bedeutung seiner Stabilität, die auch die europäische Sicherheit stärkt. Dies bedeutet noch keinen Ersatz für eine zielgerichtete europäische Politik der Anbindung des mit dem Suezkanal und mit fast 100 Millionen Einwohnern geografisch-geopolitischen Angelpunkts des zentralen Mittelmeerraums an das Europa der EU.

In Ägypten hat sich nach dem Sturz des Diktators Mubarak keine Demokratie nach dem Geschmack des Westens durchgesetzt. Die harte Unterdrückung der Muslimbrüder durch das – von den USA stark subventionierte – ägyptische Militär, die Machtausübung durch General Abdel Fattah as Sisi nach dem Vorbild Gamal Abdel Nassers machte für das demokratische Europa der EU ein politisches Zusammengehen schwierig und kompliziert. Während die wirtschaftliche Zusammenarbeit – auch durch neu entdeckte große Erdgasvorkommen an der ägyptischen Mittelmeerküste – sich aussichtsreich für beide Partner zu gestalten scheint, erfordert eine politische Verbindung der ägyptischen Offiziersdiktatur mit dem demokratischen „Europa der 28" einen langen Atem europäischer menschenrechtlicher Einflussnahme in Kairo. Die EU hat zu Recht daher im September 2018 erhebliche Kritik an Todesurteilen und langjährigen Freiheitsstrafen der vom Regime gesteuerten ägyptischen Justiz gegen hunderte von Muslimbrüdern geübt und dabei ernsthafte Zweifel an der Einhaltung eines fairen Verfahrens geäußert. Die EU zog sich damit eine scharfe Entgegnung des ägyptischen Außenministers zu, der auf Einhaltung der Nichteinmischung in die Angelegenheiten anderer Länder insistierte. Vorausgegangen waren bereits Spannungen zwischen Italien und dem ägyptischen Militärregime nach der Ermordung eines in Ägypten tätigen italienischen Wissenschaftlers, ferner auch mit Deutschland nach Behinderung und Schließung deutscher Kulturinstitute in Kairo. Die einerseits vom Regime geübte harte Unterdrückungspolitik gegen oppositionelle Kreise – in erster Linie gegen die Mursi-Parteigänger und ihre möglichen westlichen Unterstützer – und andererseits die geopolitische Scharnierfunktion des Landes zwischen Afrika, Nahost und Mittelmeerraum und damit seine große Bedeutung gerade für die Mittelmeer-, Afrika- und Nahost-Politik der EU zwingen hier die europäische Außenpolitik zu einem schwierigen Spagat. Abgesehen von der für die EU vitalen Blockierung der massiven illegalen afrikanischen Migration nach Europa, die Ägypten mitvollzieht, erfordert das geopolitische Interesse des Europa der EU eine Stärkung der politischen und wirtschaftlichen Stabilität Ägyptens als Eckpfeiler einer auch auf die Stabilisierung Afrikas zielgerichteten europäischen Außenpolitik. Die EU kann nicht schweigend zusehen, wie etwa Russland und China – neben den USA – ihren Einfluss in der von Ägypten bestimmten Nahostregion auszuweiten suchen. Ägyptens Außenminister hatte sich bei seinem Besuch in Berlin im Juli 2018 daher für eine enge Kooperation in der Flüchtlings- und Migrationsfrage zum Schutz ägyptischer Grenzen im Namen der europäischen Sicherheit ausgesprochen. Der Außenminister unterstrich dabei die Bedeutung der militärischen Zusammenarbeit Ägyptens mit mehreren europäischen Ländern, unter anderem auch Deutschland. Nachdem der Vormarsch des IS in den Jahren 2015 bis 2017 in seinen Brennpunkten in Syrien und insbesondere in Irak mit westlicher, auch deutscher Militärhilfe zurückgedrängt und größtenteils beseitigt wurde, steht der Nahe Osten nach einem bevorstehenden Ende des Syrien-Bürgerkriegs weiterhin vor großen Auseinandersetzungen, die auch das Europa der EU nicht unberührt lassen können. Wie frühzeitig von erfahrener europäischer Seite gewarnt wurde, droht heute im gesamten Nahen Osten eine Großexplosion, die einen europäischen Eingriff dringend erfordern würde, um das Hinüberdringen weiterer Instabilität nach Europa zu verhindern. Leider ist bisher eine derartige breitangelegte europäische Stabilisierungs- und Kriegsverhütungsinitiative (vom Iran-Atomabkommen abgesehen), die sich auf das politisch-militärische Machtzentrum Ägypten stützen und mit dessen Stabilität die Sicherheit Europas befestigen könnte – von Einzelversuchen Frankreichs, Deutschlands mit der Berliner Libyen-Konferenz und Italiens abgesehen – nicht unternommen worden. Die so notwendige europäische politische Offensive zur Abwehr eines für Europa äußerst bedrohlichen Zusammenbruchs der nahöstlichen Staatenordnung zwischen Mittelmeer und Persischem Golf hat es bisher nicht gegeben. Weder die für die EU weiterhin bedrohliche Migrationskrise im östlichen und westlichen Mittelmeer noch eine mögliche Auseinandersetzung um die natürlichen Erdöl- und Erdgasreserven haben bisher die Mitgliedstaaten der Europäischen Union zu gemeinsamem außenpolitischem Handeln im Nahen Osten und der Mittelmeerregion bewegen können. Diese negative Feststellung bezieht sich nicht nur auf den anhaltenden Syrien-Konflikt und die ungefestigte innenpolitische Lage in Irak, sondern darüber hinaus auf das politische Spannungsverhältnis zwischen dem sunnitischen Saudi-Arabien, der Türkei, dem – von Russland gestützten – schiitischen Iran und Israel. Einen wichtigen Brückenschlag zur Region des Nahen Ostens und Nordafrikas hatte die EU indessen mit dem Gipfeltreffen im ägyptischen Sharm el Sheikh Ende Februar 2019 unternommen, bei dem sich die Staats- und Regierungschefs der 22 Mitglieder der Arabischen Liga mit denen der 28 Mitgliedstaaten der

EU erstmals zu politischen Gesprächen trafen. Das Gastgeberland Ägypten
war durch Präsident Sisi als Generalsekretär der Arabischen Liga und der-
zeitiger Vorsitzender der Afrikanischen Union vertreten. Gegenüber der EU
hatte Ägypten bereits in der Flüchtlings- und Migrationsfrage eine wichtige
Vorleistung mit dem Verbot aller illegalen Transporte von Flüchtlingen über
das Mittelmeer erbracht. So nannte Bundeskanzlerin Merkel in Sharm el
Sheikh als gemeinsames Interesse beider Staatengruppen die Migrationspolitik und den Anti-Terror-Kampf, dessen Bedeutung vor ihr der ägyptische
Staatschef vehement unterstrichen hatte. Merkel betonte, dass die Länder
der EU und der Arabischen Liga trotz großer politischer Differenzen den
Willen zu enger Kooperation bekräftigt hätten. Sie sprach sogar von „einer
Art Schicksalsgemeinschaft". Das Schicksal der EU hänge vom Schicksal
der Länder der Arabischen Liga ganz unmittelbar mit ab. Sie vergaß jedoch
nicht eine Erwähnung des „unverhandelbaren" Existenzrechts Israels, der
Zwei-Staaten-Lösung und der „schrecklichen humanitären Katastrophe"
in Jemen. EU-Ratspräsident Tusk rief zu Recht dazu auf, die Probleme der
Region gemeinsam zu lösen und sie nicht „weit entfernten Weltmächten" zu
überlassen, womit er direkt China und Russland anvisierte. Tusk forderte
aber auch mehr Offenheit und Toleranz, was offenbar auf das streng auto-
ritär regierte Ägypten des Präsidenten Sisi abzielte. Eine Einbeziehung des
nahöstlichen Machtfaktors Ägypten in das außen- und sicherheitspolitische
Vorgehen der EU würde angesichts zunehmender amerikanischer Zurückhaltung im Nahen Osten einen wichtigen Stabilisierungsfaktor nach Osten
im Verhältnis Ägyptens zu Syrien, Palästina und Israel wie auch nach Westen gegenüber dem unruhigen, instabilen und damit die Zufahrtswege nach
Südeuropa gefährdenden Libyen schaffen. Ägypten benötigt im Hinblick auf
den politischen Zerfall seines westlichen Nachbarn Libyen und die von dort
gestarteten Terrorangriffe im Sinai und in ägyptischen Küstenorten militärische und politische Hilfe der EU, auch zum Schutz europäischer Touristen.

In der für die europäische Politik derzeit prioritären politischen Frage
der weiteren Eindämmung der Migrations- und Flüchtlingsströme über
das Mittelmeer hatte die österreichische Ratspräsidentschaft der EU einige
Fortschritte erzielt. Einmal plante die EU nach dem Muster des Abkommens
der EU mit der Türkei von 2016 derartige Vereinbarungen auch mit anderen
Staaten des Nahen Ostens wie Tunesien, Libyen und Marokko zu schließen,
wofür sich Ägypten bereits offen gezeigt hatte. Die autokratische Regierung

Ägyptens hat die EU bisher nicht gehindert, zumindest einen intensiven politischen und wirtschaftlichen Dialog mit diesem wichtigen nahöstlichen Staat zu intensivieren und eine Vereinbarung politischer Art nach dem Beispiel des Abkommens mit der Türkei anzustreben. Die Gesprächsbereitschaft Ägyptens in der Frage der für die EU wichtigen Frage der Unterbindung illegaler Migration scheint aus Sicht der EU ein guter Ansatzpunkt für eine zumindest teilweise Lösung der die EU und dort insbesondere Italien belastenden politischen und wirtschaftlichen Migration. Zu der von Kommissionspräsident Juncker beim Gipfeltreffen in Sharm el Sheikh aufgeworfenen Frage der Verletzung von Menschenrechten in Ägypten erklärte Präsident Sisi zurückweisend, dass sein Land Terrorakten ausgesetzt sei. Für Europa sei es wichtig Wohlstand zu schaffen. Vorrangig für Ägypten sei es aber, einen Kollaps wie in anderen Ländern der Region zu verhindern. Ägypten hat beim Gipfeltreffen in Sharm el Sheikh ferner klargestellt, illegale Wanderungsbewegungen über das Mittelmeer von ägyptischem Territorium aus nicht zuzulassen, obwohl Angaben des ägyptischen Außenministers zufolge die EU in der Frage eines entsprechenden Abkommens noch nicht an Ägypten herangetreten ist. 22.000 Personen haben nach ägyptischen Angaben wegen der Überwachung durch die ägyptische Küstenwache keine Möglichkeit illegaler Migration über Ägypten gehabt.

Die Notwendigkeit des vertieften politischen Dialogs mit dem Ziel engerer Zusammenarbeit zwischen der EU und der arabischen Welt zeigte sich im Übrigen dramatisch bereits kurz nach Ende des europäisch-arabischen Gipfels mit dem Ausbrechen massiver Demonstrationen in Algerien gegen eine fünfte Amtszeit von Präsident Bouteflika, die auch destabilisierende Auswirkungen auf andere Maghrebstaaten wie Marokko und Tunesien haben könnten. Versprechen des Präsidenten, eine „neue Republik" zu schaffen, wurden von der Bevölkerung nicht mehr akzeptiert. Wenn auch Islamisten in den Demonstrationen keine entscheidende Rolle spielten, so galten die Proteste nicht nur der Korruption der familiären Elite um den Präsidenten, sondern insbesondere der schlechten Wirtschaftslage mit Preissteigerungen für Energie und Lebensmittel, bedingt durch den Rückgang des Wohlstands und zunehmende Arbeitslosigkeit aufgrund des Preisverfalls für die Hauptexportgüter Erdöl und Erdgas. Vor allem Frankreich, das intensive, historisch begründete Kontakte mit Algerien unterhält, betrachtet die dortige chaotische Entwicklung mit Sorge und befürchtet eine Migrationswelle mit

Gefährdung seiner Wirtschaftsinteressen als zweitwichtigster Handelspartner Algeriens nach China. Eine politische Zusammenarbeit der EU mit den Maghrebstaaten, insbesondere Algerien, ihre Stabilisierung und damit die Festigung der gesamten westlichen Mittelmeerregion würde allerdings eine breitere Unterstützung dieser Staaten seitens der EU und ihrer Mitglieder erfordern, so wie sie in geringerem Maße in der Migrationsfrage von Spanien gegenüber Marokko praktiziert wird. Nachdem im Jahr 2018 eine neue Hauptroute von Migranten nach Spanien bekannt wurde (es waren bis Oktober 2018 etwa 45.000 Ankömmlinge aus den Maghreb- und Südsaharastaaten), dürfte es zu einer Hauptaufgabe der „politischen Führung" durch den Europäischen Rat[23] werden, nach dem bisher relativ erfolgreichen Migrationsabkommen mit der Türkei nunmehr auch mit Ägypten, gegebenenfalls auch mit den drei Maghrebstaaten Tunesien, Algerien und Marokko, Abkommen dieser Art abzuschließen.

5. Libyen

Seit dem Sturz von Staatschef Gaddafi 2011 – an den Militärschlägen (Luftangriffen), die dazu führten, waren seitens der EU nur Großbritannien und Frankreich beteiligt – ist Libyen als große Drehscheibe afrikanischer Fluchtbewegungen nach Europa politisch nicht mehr zur Ruhe gekommen. Zur Eindämmung der die Mitgliedstaaten der EU bedrohenden Flüchtlingswelle aus dem Afrika südlich der Sahara zum und über das Mittelmeer waren daher Verhandlungen insbesondere Italiens als Vertreter der auswärtigen Beziehungen der Union mit libyschen Regierungsorganen in Tripolis sowie einigen Führern der das Land weitgehend kontrollierenden Milizen notwendig. Der ehemaligen Kolonialmacht traute die EU offenbar eine wirksame Einflussnahme auf Libyen im Rahmen der GASP-Außenbeziehungen zu. Diese Gespräche blieben aber auch wegen der innenpolitischen Aufspaltung des Landes (von der italienischen Modernisierung der libyschen Küstenwache abgesehen) ohne größere konkrete Ergebnisse. Es kamen darüber hinaus Spannungen beim militärischen Frontex-Einsatz der EU auf, der Bootsflüchtlinge rettete, um sie umgehend nach Italien zu überführen. Allerdings konnten frühere italienische Regierungen trotz der Gegensätze zwischen der

---

23 Vgl. Art. 15 Abs. 1 EUV Liss.

von der UNO legitimierten, aber schwachen Zentralregierung Sarradsch in Tripolis und dem Militärregime des Generals Haftar in Bengasi, insbesondere durch finanzielle Einflussnahme des Innenministers auf streitende libysche Stammeseliten, zumindest einige Stabilisierungserfolge zur Eingrenzung des Flüchtlingsstroms durch Libyen erzielen. Italien unterhält eine Botschaft bei der von der UNO anerkannten Regierung in Tripolis. Bemerkenswert bleibt indessen, dass weder EU-Kommissionspräsident Juncker noch der Rat für Auswärtige Angelegenheiten oder die Hohe Vertreterin im Kontext der Aushandlung politischer Vereinbarungen der EU mit Libyens Machtzentren eine herausgehobene aktive außenpolitische Rolle gespielt hatten. Diese blieb weiterhin Italien, das in Tripolis von der Türkei unterstützt wird, vorbehalten. Als Fazit bleibt: Eine gemeinsame europäische Außenpolitik, die sich zumindest auf ein enges Zusammenwirken einiger Schlüsselstaaten der EU stützen würde, hat es gegenüber Libyen bisher nicht gegeben, zumal angeblich Frankreich durch Unterstützung des machtpolitisch gegen die Regierung in Tripolis agierenden Generals Haftar größeren Einfluss in Libyen auszuüben sucht.

Das „Europa der 28" hat sich trotz der Bedeutung Libyens als Durchgangsland für afrikanische Migranten und bedeutender Erdölproduzent sowohl in Libyen als auch im Sicherheitsrat der Vereinten Nationen damit erneut uneinig gezeigt. Während Italien, neben Katar und der Türkei, die von der UNO legitimierte Regierung in Tripolis unterstützt, setzt neben Ägypten, Saudi-Arabien und den Vereinigten Arabischen Emiraten zudem wohl auch Russland auf General Haftar, den bisherigen Chef der Region Bengasi, der eine militärisch-politische Gesamtlösung für Libyen gewaltsam, aber bisher erfolglos anstrebt. Die EU-Marinemission „Irini" zur Durchsetzung des UNO-Waffenembargos gegen Libyen hat sich gegenüber Waffenlieferungen auf dem Seeweg als weitgehend wirkungslos erwiesen.

6. Flüchtlings-/Migrationskrise

Die wohl schwierigste Aufgabe für eine gemeinsame europäische Außenpolitik stellt derzeit die notwendige Eindämmung der „Völkerwanderung" Millionen politischer Flüchtlinge und wirtschaftlicher Migranten aus dem Nahen Osten und aus Afrika in das reiche, sozial gefestigte „Europa der 28" dar. Sie ist – ungeachtet vieler beruhigender Erklärungen von Rat,

Kommission und Mitgliedstaaten der EU – wie die andauernden Seenot-
rettungen im Mittelmeer zeigen, nicht beendet, sondern vollzieht sich zügig
weiter. Derzeit scheint es so, dass mit der – wenn auch humanitär gebotenen – Rettung der Seenotflüchtlinge offenbar diesen als Asylanten freier
Zugang in die EU garantiert wird – mit steigenden Zuzugszahlen (über
Mittelmeer und Ägäis). Die in Brüssel erkennbare Unfähigkeit der nationalen und europäischen Politiker, zu einer gesamteuropäischen Strategie in
der Flüchtlings- und Migrationsfrage zu finden, hat bisher eine europäische
Lösung verhindert. Angesichts der enormen Bevölkerungsexplosion wird
für Afrika (derzeit 1,3 Mrd.) bis 2030 ein Anstieg um 500 Millionen und bis
2050 eine Bevölkerung von 2,5 Milliarden erwartet. Gesicherte Meinungsumfragen haben ergeben, dass sogar aus Tunesien, dem Land des „arabischen Frühlings", eine Mehrheit der jungen, arbeitswilligen Männer nach
Europa strebt, weil sie in ihrem Heimatstaat kein berufliches Fortkommen
sehen. Die Entwicklungshilfe der EU in Gesamtafrika war offensichtlich zu
breit gefächert, um den industriellen Aufbau auch der kleineren Betriebe
nachhaltig zu fördern. Zahlreiche Expertisen haben ergeben, dass die Agrar-
exportpolitik der EU die afrikanischen Kleinbauern zu ruinieren droht.

Bisherige Ansätze der EU in der Migrationsfrage – ein erneuter Einsatz
der europäischen Grenzschutzagentur Frontex, eine feste Quotenverteilung
für Immigranten auf alle Mitgliedsländer der EU und sogenannte Mobi-
litätspartnerschaften – bleiben ohne sichtbaren Erfolg. Das Fehlen einer
gemeinsamen Politik lässt jedoch Spielraum für einzelstaatliche Abmachungen in der Flüchtlings- und Migrationsfrage, so von Spanien mit Marokko
und von Italien mit Libyen. Die europäische Außenpolitik als solche kann
durch diese Einzelabkommen jedoch kaum ersetzt werden. Nachhaltige
Impulse in der Flüchtlings- und Migrationspolitik sollten möglichst von
einer in sich geschlossenen EU ausgehen. Eine aktivere europäische Nahost-
und Afrika-Politik – unter Einbeziehung auch des militärischen (sicherheitspolitischen) Faktors – erfordert angesichts der außenpolitischen Schwäche
von ER, Rat und Kommission eine arbeitsteilige Kooperation europäischer
Außenpolitik großer Mitgliedstaaten der EU wie Deutschland und Frankreich im gesamten Nahost- und Afrika-Bereich, um die sich weiter abzeich-
nende große Migrationswelle aus dem genannten geopolitischen Großraum
wieder in den Griff einer realitätsnahen Staatenpolitik zu bekommen.

Unter dem fatalen Einfluss des Brexit, der eine volle, auch militärische Beteiligung Londons an einer wirkungsvollen Nahost- und Afrika-Politik der EU und ihrer Mitgliedstaaten verunmöglicht, und neuester Washingtoner Unsicherheiten sollten die europäischen Kernstaaten, zu denen im Fall Libyen auch Italien zu zählen wäre, keine Zeit mehr verlieren, um nach dem verlorenen Einfluss in Syrien und dem daraus resultierenden Flüchtlingsstrom über die Türkei und Libyen in Richtung Europa die wirtschaftliche und politische Stabilisierung der Maghreb- und Südsaharastaaten mit ihrer Hilfe umgehend zur euroafrikanischen Realität werden zu lassen. Ein gewisses Kooperationsmodell könnte das 2016 zwischen der EU und der Türkei abgeschlossene Rücknahmeabkommen für Asylbewerber sein. Eine neue europäische Nahost- und Afrika-Strategie und -Politik war allerdings in allen vergangenen deutschen Regierungsperioden trotz aller gegenteiliger politischer Beteuerungen – mit Ausnahme des Türkei-Abkommens – kaum zu erkennen. Die gleiche negative Feststellung gilt für den Vorgänger des französischen Präsidenten Macron, ungeachtet seiner Bekundungen. Allerdings gelang es dem damaligen italienischen Ministerpräsidenten Renzi, vertraglich zeitweise einen gewissen Modus Vivendi mit den – unterschiedlichen – libyschen Machthabern zu erreichen und so den Migrations- und Flüchtlingsstrom nach Italien – und damit nach Europa – schrittweise einzudämmen. Eine politische Realitätsferne der europäischen Bevölkerung in der Migrationsfrage zeigte sich in der späteren eklatanten Radikalisierung der italienischen Migrationspolitik in Form strikter Zuwanderungssperren. Diese Entwicklung lässt der deutschen Außenpolitik in der zentralen Flüchtlings- und Migrationsfrage – wenn auch formal in dem von der Hohen Vertreterin in Brüssel gesetzten europapolitischen Rahmen – keine andere Wahl als ein enges Zusammengehen mit der Afrika- und Nahost-Politik Frankreichs, dessen wirtschaftliche und politische Interessen in diesem Raum für Paris stets prioritär waren. Die französische Politik gegenüber den Staaten des Maghreb und Schwarzafrikas war lange Zeit auf sich allein gestellt, wenn man von den Milliarden sehr breit gefächerter und wenig konzentrierter deutscher und EU-europäischer Entwicklungshilfe absieht. Wenn die deutsche Regierung in Nordafrika abgesperrte Grenzzonen für Asylbewerber will, um den Einwanderungsdruck auf Europa zu unterbinden, müsste diese Regionalstrategie in enger Kooperation mit Frankreich und Italien durchgesetzt werden, wobei diese Zusammenarbeit dazu bereiter Nationalstaaten der EU im Rahmen und unter dem Signum einer – obwohl eher schwachen – gemeinsamen europäischen Außenpolitik in Gestalt gemeinsamer Aktionen erfolgen könnte. Auch dauerhafte politische Einflussnahme der EU auf afrikanische Staaten, so etwa über die Afrikanische Union, mit der bereits vertragliche Beziehungen mit der EU bestehen, wäre prioritär zur Begrenzung der Fluchtbewegungen in Richtung Europa notwendig.

Eine – wie immer geartete – Steuerungsfunktion des ER im außenpolitischen Spektrum der für die EU vitalen Frage der Eindämmung des Flüchtlings- und Migrantenstroms hat es in den Jahren seit der von Bundeskanzlerin Merkel 2015 erklärten weiteren Öffnung für Flüchtlinge aus dem Syrien-Konflikt nicht gegeben. Die tiefgreifende, die EU zum Teil auseinanderreißende Handlungsschwäche von ER und Außenministerrat in der Flüchtlingskrise wiegt umso gravierender, als durch entschlossene Interventionen der EU in Nahost und Afrika ein besserer Außenschutz der Grenzen der EU gewährleistet würde. Nachdem sich die EU und ihre größten Mitgliedstaaten seit dem Krisenjahr 2015 nicht in der Lage gezeigt haben, die gemeinsame Außengrenze aus eigener Kraft zu schützen, fehlt es weiterhin an wirksamer europäischer Kontrolle der Flüchtlings- und Migranteneinwanderung. Die von Kanzlerin Merkel und der Außenbeauftragten Mogherini mit dem Türkei-Flüchtlingsabkommen nunmehr betriebene europapolitische „Realpolitik" ist mit ihrer Zielsetzung einer schärferen Unterbindung des Flüchtlingsstroms über die Ägäis und nach anfänglichen Erfolgen durch die ansteigende Zahl der aus der Türkei auf den griechischen Inseln anlandenden Flüchtlinge in ein gewisses Zwielicht geraten, denn die wachsende Zuwanderung nach Griechenland und die Bulgarien gewährte Finanzhilfe zum Grenzschutz scheinen gegen den von EU-Kommission und Rat gepflegten Optimismus zu sprechen. Die von der EU geplante Aufnahme und Registrierung von Flüchtlingen und Migranten in Aufnahmezentren vorzugsweise in Nordafrika haben in den angesprochenen Staaten wie Libyen, Tunesien, Algerien und Marokko bisher keine Zustimmung gefunden, zumal gerade aus diesen Ländern eine auch wirtschaftliche Fluchtbewegung nach Europa eingesetzt hat. Auch Ägypten lehnt offiziell Aufnahmelager ab, und Niger und Tschad verhalten sich ungeachtet minimaler, vom UNHCR arrangierter Rückführungsvereinbarungen gegenüber den Angeboten der EU bisher ebenfalls ablehnend. Bei dieser Sachlage befindet sich die Flüchtlings-/Migrationspolitik der EU in einer Sackgasse. Mit Ausnahme des noch fragilen Türkei-Abkommens von 2016 gelang es der EU außenpolitisch nicht, Aufnahmeverträge mit den Europa benachbarten Staaten in Nahost und Afrika abzuschließen und in der EU selbst den Widerstand der ost-/mitteleuropäischen Staaten gegen Übernahme größerer Flüchtlingskontingente zu überwinden. Bisher ist keine politische Lösung für dieses Dilemma der europäischen Politik in Sicht.

7. Afrika

Es kommt jetzt darauf an, durch gezielte Förderpolitik insbesondere auch den wirtschaftlichen Austausch zwischen den nordafrikanischen und den Südsaharastaaten zu beschleunigen. Da nur 15 Prozent des Handels in Afrika bisher innerafrikanisch ist (in der EU 70%), müsste die „EU der 28" auch stärker durch spezifische Abkommen auf eine rasche Verbesserung der innerafrikanischen Verkehrsstrukturen hinwirken. Signalwirkung könnten politische und Handelsabkommen der Mitgliedstaaten der EU mit afrikanischen Staaten haben, die auch in der für Europa so wichtigen Migrationsproblematik von zentraler Bedeutung sind, so etwa Ägypten, Marokko und Äthiopien, vor allem aber mit dem erdölreichen Nigeria, der größten Volkswirtschaft Afrikas. Der 190-Millionen-Staat schreckt bisher vor einer Öffnung gegenüber anderen afrikanischen Partnern zurück. Ein kürzlich in Kigali (Ruanda) unterzeichnetes afrikanisches Freihandelsabkommen könnte auch dem notwendigen Handel afrikanischer Staaten mit Europa einen neuen Aufschwung geben und damit eine Trendwende bewirken, nachdem die Importe der EU-Staaten aus Afrika von rund 180 Milliarden Euro (2012) auf 120 Milliarden (2016) zurückgegangen sind. Die anhaltende große Abwanderung nach Europa, insbesondere aus Afrika südlich der Sahara, hält angesichts der wirtschaftlichen Stagnation weiter an. Dabei bleibt gerade Deutschland wegen dort vermuteter großer Arbeits- und Verdienstmöglichkeiten ein besonders angestrebtes Ziel. Eine gemeinsame europäische Außenpolitik sollte es daher als prioritäre Aufgabe betrachten zu verhindern, dass Europa weiter zum Ziel enormer afrikanischer Fluchtbewegungen wird.

Die mehrfachen Plädoyers deutscher Politiker, wie Bundeskanzlerin Merkel, Außenminister Maas oder Entwicklungsminister Müller, für eine gemeinsame europäische Afrika-Politik verdienen hohe Beachtung. Es geht hier um die politische und wirtschaftliche Stabilisierung des Nachbarkontinents und nicht allein um eine Steuerung der afrikanischen Migrantenwelle nach Europa. Sowohl Kommissionspräsident Juncker wie auch der 2018 für die amtierende Ratspräsidentschaft sprechende österreichische Bundeskanzler Kurz haben Europa und Afrika in einer „Schicksalsgemeinschaft verbunden" erklärt und europäische Unternehmen zu verstärktem Engagement in Afrika aufgefordert. Demgegenüber äußerte der frühere nigrische Regierungschef Muhammed eher skeptisch, dass Afrika kein leeres Terrain sei, auf dem sich Amerikaner, Chinesen und Europäer um Ressourcen streiten könnten. Die flächenmäßige Größe afrikanischer Staaten reflektiert wie in einem Prisma die Schwierigkeiten, die sich einer tiefgreifenden europäisch-afrikanischen Zusammenarbeit angesichts wirtschaftlicher Rückständigkeit und korrupter Regierungen entgegenstellen, und macht eine demokratische Kontrolle von Hilfeleistungen durch die EU nicht leicht. Das diffizile Verhältnis der EU zum afrikanischen Nachbarkontinent hat sich zur Jahreswende 2018 erneut in der diplomatischen Konfrontation zwischen der Regierung Kongos, flächenmäßig größter afrikanischer Staat, und der EU-Kommission anlässlich eines ersten demokratisch vorgehenden Machtwechsels in Kinshasa seit der Unabhängigkeit gezeigt. Wegen angeblicher Wahlbeeinflussung wies die damalige kongolesische Regierung den EU-Botschafter in Kinshasa kurzfristig aus. Offensichtlich versuchte damit die über das Land herrschende Machtclique um den langjährigen Präsidenten Kabila, die Sanktionen der EU gegen den Kandidaten der Regierungspartei Kabilas, Ramazani Shadary, zu unterlaufen. Der für Kabila negative Wahlausgang in Kongo scheint jedoch, als „pars pro toto" genommen, ein Spiegelbild der sich auf eher demokratische Hinwendung wandelnden afrikanischen Politik, wie sie sich bereits mit dem Sturz Robert Mugabes in Simbabwe ankündigte. Nicht allein Rückständigkeit und Korruption stehen in Afrika der von der EU heute angestrebten engeren Zusammenarbeit entgegen. Die politischen und wirtschaftlichen Angebote der EU und ihrer Mitgliedstaaten treffen dort auf eine außen- und wirtschaftspolitische chinesische Ausbreitung, die sich auch auf großzügig gewährte Infrastrukturkredite stützen kann. Die Mahnung von Kommissionspräsident Juncker, die EU müsse „weltpolitisch fähig" werden, könnte allerdings in Afrika nur durch außenpolitisches Zusammenwirken der größten Mitgliedstaaten der

EU, Deutschland, Frankreich, Großbritannien und Spanien, mit finanzieller Unterstützung seitens der EU-Kommission zur europapolitischen Realität werden. Die Bemühungen Italiens um Libyen, Spaniens um Marokko, Frankreichs um die Maghreb- und Südsaharastaaten werden ergänzt durch Deutschland mit seiner Beteiligung am französischen Sahel-Engagement wie auch durch die persönlichen Kontakte von Bundeskanzlerin Merkel im Rahmen einer breitgefassten Afrika-Politik mit Treffen im Oktober 2018 und November 2019 mit afrikanischen Präsidenten in Berlin. Diese endeten mit einer deutschen Zusage an zwölf afrikanische Partnerländer zur Förderung afrikanischer Unternehmen. Bundeskanzlerin Merkel begrüßte die im Juli 2019 von der Afrikanischen Union (AU) beschlossene gesamtafrikanische Freihandelszone. Die Unterstützung afrikanischer Länder durch europäische politische und wirtschaftliche Kontakte mit afrikanischen Staatsmännern sind nicht nur als wichtige Partnerschaften zur Bewältigung der illegalen afrikanischen Migrationsproblematik zu bewerten, sondern darüber hinaus auch als Notwendigkeit, die politische Stabilität dieser afrikanischen Staaten durch versuchte politische und wirtschaftliche Zusammenarbeit in Form europäischer Investitionen, auch in mittelständische Betriebe und moderne Ausbildung dort beschäftigter Afrikaner, abzusichern und damit das Lebensniveau der dortigen Menschen zu heben. Entwicklungshilfeminister Gerd Müller kündigte deutsche Verhandlungen hierüber mit Äthiopien, Marokko und Senegal speziell zu Reformpartnerschaften an und forderte die EU zu entsprechendem Vorgehen auf. Derartige Partnerschaften zur Verbesserung privatwirtschaftlicher Investitionen wurden bisher bereits mit Tunesien, Ghana und der Elfenbeinküste abgeschlossen, um damit auch den Migrationsdruck auf Europa zu reduzieren. Die deutsche Bundesregierung will damit ebenso Perspektiven für Flüchtlinge und Migranten in ihren Heimatländern schaffen. Bisher hat China als mächtiger politischer und wirtschaftlicher Konkurrent der EU in Afrika mit großen Investitionen, Krediten und sonstigen Hilfsangeboten auch deutlich Flagge gezeigt, nicht aber die politisch und finanziell starken USA. Das strategisch gewaltige Ausmaß chinesischer Projekte der „neuen Seidenstraße" von Ostasien nach Westeuropa wäre ohne seinen substanziellen Afrika-Teil kaum realisierbar. Der China-Afrika-Gipfel vom September 2018 nannte chinesische Investitionen, Kredite und sonstige Hilfszusagen in Höhe von 60 Mrd. Dollar für die Staaten des afrikanischen Kontinents nach bereits hohen Hilfszusagen in den vergangenen drei Jahren.

Die Volksrepublik China hat nunmehr auch zugesagt, nicht nur Rohstoffe, sondern auch afrikanische Industriegüter stärker zu importieren, um damit ein gewisses Gleichgewicht im Güteraustausch anzustreben. Als Schwerpunkte der chinesischen Investitionen in Afrika gelten Energie, Transport (im Anschluss an die bereits gebauten Eisenbahnstrecken wie Mombasa–Nairobi) und Telekommunikation. Die Aufnahme von afrikanischen Anleihen in China soll weiter gefördert werden. Dem gegenüber steht ein unzureichendes Bild europäischer Investitionen, finanzieller Hilfsmaßnahmen und politisch-finanzieller Zusagen für den Nachbarkontinent. Es ist das Bild einer weitgehenden Vernachlässigung Afrikas, sowohl im bilateralen wie auch im multilateralen Bereich, durch die EU und ihre Mitgliedstaaten. Die diesbezüglichen Wirtschafts- und Handelszahlen der EU sind, wenn die großen Investitionen westeuropäischer Großkonzerne im Rohstoffbereich in Gabun, Angola, Mauretanien, der Demokratischen Republik Kongo, Nigeria, Sambia und Südafrika von der Gesamtinvestitionszahl in Abzug gebracht werden, nur bedingt eindrucksvoll. Bezeichnend für die geringe Höhe nichtstaatlicher Privatinvestitionen in Afrika ist die in Deutschland zum Jahresende 2018 festgestellte bisherige Investitionssumme von nur einer Milliarde Euro.

Die Verträge und Investitionen der EU als solche mit den Staaten Afrikas (sog. Lomé-Abkommen) sind im Vergleich mit den geplanten Investitionen der chinesischen „Seidenstraße" eher gering. Substanzielle Vorbereitungen für eine von Kommissionspräsident Juncker beschworene europäisch-afrikanische Freihandelszone gab es bisher nicht. Außenpolitische Abkommen zwischen der EU, ihren Mitgliedstaaten und den Staaten Afrikas waren bisher rar. Dass die europäisch-afrikanische Stagnation der Beziehungen auch durch sogenannte Arbeitsbesuche der Regierungschefs, deutscherseits etwa 2018 in Senegal, Ghana und Nigeria, ferner in Algerien, dauerhaft überwunden werden könnte, scheint eher zweifelhaft. Die Themen wirtschaftliche Zusammenarbeit und Migration stehen bei diesen Treffen im Vordergrund. Verstärkte nationale Entwicklungs- und Finanzhilfen sollen Perspektiven für mehr innerafrikanische Arbeitsplätze schaffen und damit politisch durch Partnerschaft mit vor allem größeren afrikanischen Ländern den illegalen Migrantenstrom von Afrika nach Europa einschränken.

Während die Maghrebstaaten Tunesien, Algerien und Marokko (mit Ausnahme von Libyen) augenscheinlich zu engerer außen- und wirtschaftspolitischer Zusammenarbeit mit der EU und ihren Mitgliedstaaten bereit zu sein scheinen, stellt sich die Lage in den Staaten südlich der Sahara komplizierter dar. So scheint etwa Nigeria, der ehemals stabile, durch seine Erdölvorkommen reiche und mit 190 Millionen Einwohnern größte afrikanische Staat, trotz demokratischer Wiederwahl seines Präsidenten Buhari im Februar 2019 durch islamistischen Terror im Norden in seiner Substanz gefährdet. Zwei Drittel der Staatseinkünfte Nigerias stammen aus der – technisch veralteten – nigerianischen Erdölförderung, während das Wirtschaftswachstum hinter der Bevölkerungszunahme zurückbleibt. Im Norden häufen sich die Konflikte zwischen islamistischen Nomaden und einheimischen Ackerbauern. Die Abhängigkeit Nigerias von den Schwankungen des Welterdölpreises hat bisher eine substanzielle Diversifizierung der nigerianischen Volkswirtschaft eingegrenzt. Das rasche Geburtenwachstum in diesem afrikanischen Schlüsselland lässt einen Bevölkerungsanstieg bis 2050 auf 400 Millionen erwarten. Zu befürchten ist, dass dies – insbesondere durch stark zunehmende Jugendarbeitslosigkeit – zu großen wirtschaftlichen und politischen Instabilitäten und wachsenden, massiven Migrations- und Fluchtbewegungen in Richtung Europa führen könnte. Hunderte von Stämmen mit verschiedenen Sprachen leben in diesem Mega-Land, davon 20 Millionen bereits in der größten Stadt, Lagos. Landflucht, Analphabetismus, anhaltende Korruption und der islamistische Terror der Sekte Boko Haram im – mohammedanischen – Norden des Landes bedrohen den Gesamtstaat. Der Grund für die wirtschaftliche Stagnation liegt – wie auch in anderen schwarzafrikanischen Staaten – neben einer fehlenden oder kaum vorhandenen Industrialisierung, die mehr Arbeitsplätze schaffen würde, in den weithin fehlenden Investitionen in die heimische Landwirtschaft. Dies hat dazu geführt, dass afrikanische Staaten jährlich Nahrungsmittel im Wert von rund 40 Milliarden Dollar aus dem Ausland, unter anderem auch aus der EU, importieren. Die Modernisierung der afrikanischen Landwirtschaft ist eine Jahrhundertaufgabe für das Europa der EU, will Europa den afrikanischen Kontinent nicht dem massiven Vordringen der Islamisten und Chinas überlassen.

Staaten wie Mali konnten allerdings durch gemeinsames französisches und europäisches militärisches Eingreifen vor dem Zerfall durch Terrorangriffe seitens nomadischer Stämme – wie Tuareg – bewahrt werden. In dem nach Abspaltung des ölreichen Südens von einer Wirtschaftskrise bedrohten Sudan wurde der autoritäre, korrupte Präsident Bashir nach dreißigjähriger Herrschaft durch den Aufstand der verarmten Bevölkerung beseitigt. Anlass für die Revolution waren die nach Verringerung der Öleinnahmen erhöhten Brot- und Benzinpreise. Schließlich zwang das Militär den Diktator am 10. April 2019 zum Rücktritt und verhaftete ihn wegen umfangreicher Korruption. Den Aufständischen gelang ein Kompromiss mit dem Militär, der in eine Zivilregierung mündete.

Seit der österreichischen Ratspräsidentschaft 2018 scheint die EU zumindest in der Migrationsfrage stärker auf das (allerdings autokratisch regierte) Ägypten zu setzen. Kommission und Rat hoffen, die in der EU strittige Verteilungsfrage der Migranten durch eine Verlangsamung des ankommenden Migrationszuflusses zu lösen. Sie stellen den Schutz der südlichen Außengrenzen der Europäischen Union jetzt in den Vordergrund und damit auch die maritime Kontrolle der von Schlepperbanden aus Afrika initiierten Flüchtlingsbewegungen über das Mittelmeer. Kommission und Rat sowie wichtige Partnerländer wie Deutschland, Frankreich, Spanien und Italien hoffen, durch die Abkommen mit Nord- und Südsaharastaaten Afrikas, das Migrationsproblem nach dem Muster des Abkommens der EU mit der Türkei vertraglich lösen und damit einen Schutz der Außengrenzen der EU außenpolitisch-diplomatisch ohne größeren Militär- oder Polizeieinsatz bewältigen zu können. Die Abstinenz der osteuropäischen Visegrád-Staaten der EU in der Frage der Verteilung der nach Europa gelangten Migranten könnte die EU politisch spalten, wenn es der europäischen Außenpolitik nicht gelingt, vertragliche Schutz-Lösungen mit den Staaten des Nahen Ostens, des Maghreb (auch Libyen) und der Subsahara zu erreichen. Für ein partnerschaftliches Zusammengehen der EU in Afrika von größter Bedeutung ist insbesondere multilateral die Vertiefung der bereits bestehenden europapolitischen Kontakte mit der AU in Addis Abeba und bilateral mit den größten und wichtigsten afrikanischen Staaten wie Nigeria.

8. Saudi-Arabien

Das wahhabitisch geprägte – als Hüterin der heiligen Stätten von Mekka und Medina strikt islamisch-religiöse –, an Erdöl reiche Königreich unterhält seit der US-Präsidentschaft von Franklin D. Roosevelt gute politische und wirtschaftliche Beziehungen zu den USA. Diese haben sich auf Regierungsseite in letzter Zeit mit der politischen „Machtübernahme" des umstrittenen Kronprinzen Salman eher noch verstärkt. Die engen saudisch-amerikanischen Beziehungen – für die insbesondere der US-Präsident Trump eintritt – bedeuten eine starke Absicherung der saudischen Machtposition im arabischen Raum gegenüber Katar, der Türkei, Libanon, Israel und, insbesondere im Jemen-Krieg, gegenüber Iran – dem politisch-religiösen Rivalen der Saudis im nahöstlichen Raum. Der Fehlschlag der saudischen Blockade von Katar, die Rückkehr des vorübergehend in Riad festgehaltenen libanesischen Politikers Hariri nach Beirut und vor allem der ungewisse Ausgang des Krieges, den die Saudis in Jemen gegen die von Iran unterstützten aufständischen Huthis führen, zeigen die politischen Grenzen für eine saudische Machtpolitik, die vorerst noch wirtschaftlich-finanziell durch hohe Erdölexporteinnahmen und militärisch durch gewaltige amerikanische und westeuropäische Rüstungslieferungen gestärkt scheint. Als den Kronprinzen Salman und die Politik Saudi-Arabiens insgesamt belastender Faktor hat sich wohl die offensichtlich von der saudischen Staatsführung angeordnete Beseitigung des oppositionellen Kritikers und Korrespondenten der „Washington Post", Jamal Khashoggi, erwiesen. Diese Ermordung eines saudischen Oppositionellen auf türkischem Boden musste zwangsläufig die Türkei mit dem autoritären Führungsanspruch ihres Präsidenten ins nahöstliche politische Kräftespiel um mehr Einfluss in der arabischen Welt bringen. Ungünstig scheint für Saudi-Arabiens Militärführung auch der Jemen-Krieg zu verlaufen. Hier – in diesem sensitiven geopolitischen Raum – stellt sich die Europa angehende Frage nach den Handlungsmöglichkeiten für eine europäische Außen- und Sicherheitspolitik unter Berücksichtigung menschenrechtlicher Gesichtspunkte.

Einen – leider fehlgeschlagenen – Versuch gemeinsamer europäischer Politik in dieser Richtung unternahm die vom 1. Juli bis 31. Dezember 2018 amtierende österreichische Ratspräsidentschaft. Sie schlug ein Rüstungsexportembargo der Europäischen Union – in gemeinsamer Haltung aller

Mitgliedstaaten – gegen Saudi-Arabien vor und wollte mit dieser außen- und sicherheitspolitischen Maßnahme nicht nur auf die von der saudischen Regierung zu verantwortende Tötung des Oppositionellen Khashoggi, sondern darüber hinaus auf die saudische Quarantänepolitik gegen Katar und vor allem auf die saudische Kriegführung in Jemen abzielen. Der österreichische Außenminister erklärte, dass ein Stopp der Waffenlieferungen an Riad ein Beitrag zur Beendigung des Jemen-Konflikts sein würde. Die österreichische Ratspräsidentschaft konnte sich bei ihrer Initiative auf eine frühere Entschließung des Europäischen Parlaments stützen, die allerdings bereits vor zwei Jahren in gleicher Sache ergebnislos geblieben war. Während der neue österreichische Vorstoß auch von Deutschland unterstützt wurde, machten Frankreich, das ein Rüstungsexportembargo – und damit auch die deutsche Haltung – als „reine Demagogie" disqualifizierte, Spanien und Großbritannien ihre Ablehnung des österreichischen Vorschlags deutlich. Ein wichtiger Versuch, eine geschlossene europäische Haltung gegenüber der aggressiven Außenpolitik der saudischen Regierung, insbesondere zum opfer- und verlustreichen, humanitär verheerenden Jemen-Krieg, zu erreichen, war damit gescheitert. Der Versuch der Außenbeauftragten Mogherini, außenpolitisch eine gemeinsame europäische Haltung gegenüber Saudi-Arabien zustande zu bringen, musste angesichts offensichtlicher divergierender nationaler, wirtschaftlicher und politischer Interessen der großen Mitgliedstaaten der EU ergebnislos bleiben.

In der Frage der Waffenexporte nach Saudi-Arabien kam es unter dem Druck der öffentlichen Meinung auch hinsichtlich der humanitär katastrophalen Entwicklung im Jemen-Krieg in einer Absprache zwischen Bundeskanzlerin Merkel und dem französischen Präsidenten Macron zu einem eher schwächlichen Versuch, sich um ein gemeinsames Vorgehen aller Mitgliedstaaten der EU zu bemühen. Es sollte Saudi-Arabien deutlich gemacht werden, dass die Europäische Union hier „von einem gemeinsamen Wertefundament aus" handele. Eine nachhaltige Reaktion Europas in Form des Stopps von Rüstungslieferungen an das unmittelbar am Jemen-Krieg beteiligte Saudi-Arabien hätte – auch unter dem Eindruck des Khashoggi-Falls – möglicherweise das gemeinsame Handeln der Europäer realpolitisch unter Beweis stellen können.

Tatsächlich haben sich in der Frage einer gesamteuropäischen Reaktion auf das machtpolitisch zynische Verhalten der Regierung in Riad zumindest

in Frankreich und Spanien deutlich wirtschaftliche Interessen vor huma-
nitären Wertvorstellungen durchgesetzt, und es blieb bei symbolischen
Einreiseverboten. Auch in Deutschland blieb das – national eingeführte –
Rüstungsexportverbot nach Saudi-Arabien innenpolitisch umstritten. Das
Europa der EU demonstrierte damit nicht politische Geschlossenheit, wie
sie auch vom Europäischen Parlament gegenüber Saudi-Arabien verlangt
und verkündet wurde, sondern den Rückzug der Europäer in eine Art von
„Kleinstaaterei".

9. USA

Nicht nur die Jahre 2017/18 haben mit dem außenpolitisch erratisch agierenden Präsidenten Donald Trump in den USA zu weitreichender Ernüchte-
rung in den Beziehungen der EU und ihrer Mitgliedstaaten zu dem großen
transatlantischen Wirtschafts- und Sicherheitspartner geführt. Bereits beim
Treffen des Europäischen Rates in Sofia am 17. Mai 2018 wurde daher
als Position europäischer Außenpolitik erneut bekräftigt, die 2015 beim
Abschluss des Atomabkommens mit Iran gelockerten wirtschaftlichen Sanktionen solange nicht wieder einzuführen, wie Iran sich an das Atomabkommen halte. In bewusstem Gegensatz zu dieser europäischen Position hatten
die USA jedoch das Atomabkommen mit Iran gekündigt. Die Hohe Vertreterin Mogherini erklärte den USA nach einem Außenministertreffen der
EU im Dezember 2018, dass die von der EU gegründete Zweckgesellschaft
zum Schutz kleinerer und mittlerer europäischer Betriebe gegen amerikanische Iran-Sanktionen ihre Tätigkeit sehr bald aufnehmen werde. Lag in
diesem Fall ein außenpolitischer Dissens EU – USA zugrunde, so scheint
sich im Fall der Erdgasleitung Nord Stream 2, die russisches Erdgas nach
Westeuropa liefern soll, ein wirtschaftlicher Konflikt der EU mit den USA zu
entwickeln. An der von der russischen Gazprom initiierten und finanzierten
Leitung sind mehrere große westeuropäische Energiekonzerne beteiligt.
Die USA versuchen, politischen Druck (unter anderem durch die amerikanische Botschaft in Berlin) auf die EU auszuüben mit dem Argument, die
Leitung werde die ökonomische und politisch-strategische Sicherheit der
Ukraine gefährden, die bisher hohe Durchlauf-Transitgebühren aus russischen Gaslieferungen nach Westeuropa bezieht. Faktisch dürfte allerdings
hinter den amerikanischen Blockadeversuchen das steigende Interesse der

amerikanischen Erdölindustrie stehen, ihre durch das Shale-Verfahren (Fracking) erhöhte Produktion mit Hilfe der LNG-Verflüssigung verstärkt in Westeuropa abzusetzen und damit die russische Konkurrenz zu verdrängen.

Hier wird, wie im Fall der Iran-Sanktionen, beispielhaft eine grundlegende Veränderung der transatlantischen Beziehungen, insbesondere unter der Trump-Präsidentschaft, offenkundig. Beschworen frühere amerikanische Administrationen zum Beispiel mit der „Neuen Transatlantischen Agenda" des EU-USA-Gipfels von 1995 mehr oder weniger idealistisch-multilaterale transatlantische Glaubensbekenntnisse, so wurde bereits bei der unterschiedlichen europäischen Reaktion auf den amerikanischen Einmarsch in Irak 2003 zum Sturz des Diktators Saddam Hussein demonstriert, dass jeweils mächtige Interessen überwogen und nicht die traditionelle transatlantische Solidarität das politische Handeln der Mächte bestimmte. Ein weiterer gravierender Streitpunkt im Verhältnis Europa – USA hat sich um den europäischen – speziell deutschen – NATO-Beitrag mit in den Vordergrund geschoben. Durch die russische Expansionspolitik der letzten Jahre – so das massive militärische Eingreifen in den syrischen Bürgerkrieg, die Annexion der Krim sowie die Unterstützung der Separatisten in der Ostukraine – sind die politischen Grundlagen der europäischen Nachkriegsordnung in Frage gestellt. Die Kosten der europäischen Sicherheit wurden in den letzten Jahrzehnten als NATO-Beitrag überwiegend von den USA getragen. Dass der republikanische Präsident Trump hier eine Revision der Kostenfrage anstrebt, um die Europäer zur Erfüllung der NATO-Verpflichtung durch höhere Beiträge und damit zur Gewährleistung europäischer Sicherheit durch die Allianz zu veranlassen, erscheint daher berechtigt. Dies gilt national insbesondere für Deutschland, das bisher nicht einmal 1,5 Prozent seines Bruttosozialprodukts anstelle einer NATO-Verpflichtung von 2 Prozent zahlt und damit hinter Großbritannien und Frankreich zurückbleibt. Ein gesamteuropäischer sicherheitspolitischer Beitrag fehlt weiterhin. Eine von Macron und Merkel anvisierte europäische Verteidigungsunion steht bisher mehr oder weniger auf dem Papier. Europa braucht eine intakte europäische Truppe, um seinen Beitrag über die Einzelnationen hinaus für Europa und das transatlantische Bündnis leisten zu können. Wie die Fälle russischen Vorgehens in der Ukraine, um die freie Durchfahrt durch die Meerenge von Kertsch sowie der weiterschwelende Konflikt in der Ostukraine zeigen, scheinen die USA aber ihre frühere Rolle als weltpolitischer Ordnungsfaktor

2018 weitgehend verloren zu haben, ohne dass aber die EU sie außen-
und sicherheitspolitisch voll ersetzen kann. Weder beim G20-Gipfel noch
beim internationalen Staatsführertreffen am 11. November 2018 kam es
zu einer substanziellen Druckausübung des amerikanischen Präsidenten auf
die russische Führung im Sinne einer Mäßigung gegenüber der Ukraine und
konstruktiver politischer Schritte zur Befriedung Syriens. Bezeichnend war
ein Appell des damaligen ukrainischen Staatspräsidenten an die deutsche
Regierung als Teil der EU, und nicht etwa an die USA, deutsche Kriegs-
schiffe zu entsenden, um freie Durchfahrt durch die Straße von Kertsch zu
gewährleisten. Deutschland könnte und sollte hier gegebenenfalls nicht
allein, sondern im Konsens mit Frankreich als ein „Europa der Verteidigungsunion" handeln, aber auch den Konsens mit den USA suchen.

Ein gemeinsames europäisches außen- und sicherheitspolitisches Han-
deln, etwa im Nahen Osten, erscheint zum Jahresbeginn 2020 politisch
umso notwendiger, als durch die weitgehende Aufgabe des amerikanischen
Engagements in Syrien nach dem Sieg über den IS sich das dortige politische
Kräftefeld deutlich veränderte. Die ohne Rücksichtnahme auf europäische
Freunde und NATO-Verbündete und ohne politische Absprache mit der
EU getroffene amerikanische Abzugsentscheidung belohnt das russische
Engagement in Syrien und den von Russland gestützten Präsidenten Assad
und öffnet Iran den Weg zu weiterer Einflussnahme in Syrien und darüber
hinaus. Die Gefahr, dass sich einseitige amerikanische Präsidentenentschei-
dungen negativ auf europäische politische Positionen auswirken, besteht
auch in Afghanistan, aus dem 50 Prozent der dort stationierten amerikanischen Truppen abgezogen werden sollen, sollten die Verhandlungen der
USA mit den Taliban Erfolg haben. Auch hier wäre eine außenpolitische
und sicherheitspolitische Abstimmung zwischen der Europäischen Union
und den USA dringend geboten. Ein Abzug der amerikanischen und im
Anschluss auch europäischen Truppen aus Afghanistan müsste das mit-
telöstliche Machtgefüge etwa zugunsten radikaler Strömungen und musli-
mischer Taliban-Gruppen wesentlich zum Nachteil des Westens verändern.
Die europäische Außenpolitik, die jahrzehntelang auf der dauerhaften
Routine transatlantischer Solidarität beruhte, sieht sich in der Nah- und
Mittelost-Politik durch einseitige amerikanische Entscheidungen vor große
Herausforderungen gestellt. Bereits mit der Aufkündigung des Nuklearab-
kommens mit Iran hat der amerikanische Präsident ein wichtiges Teilstück

europäisch-amerikanischer Außenpolitik und transatlantischer Solidarität abrupt beendet. Der von Präsident Trump initiierte Handelskrieg mit China bedroht auch die europäische Wirtschaft. Angesichts dieses Schwankens der amerikanischen Weltmacht gilt es für die Europäische Union vor allem, Geschlossenheit zu bewahren und von gesicherter europäischer Basis aus zumindest dem transatlantischen Partner USA im Bereich der Verteidigung Europas entgegenzukommen. Dies sollte durch eine erhebliche Aufstockung des deutschen und europäischen Verteidigungshaushalts für NATO und EU im Rahmen der Verträge erfolgen, um einen ausreichenden Beitrag für die konventionelle Verteidigung Europas angesichts der für Europa anstehenden außenpolitischen Gefährdungen zu gewährleisten. Das veränderte Sicherheitsfeld um Europa durch amerikanische Truppenabzüge aus Syrien und Afghanistan verlangt verschärft zur Entlastung der USA nicht etwa den vermehrten Einsatz europäischer Bodentruppen in der Nah- und Mittelost-region (der ohnehin in Deutschland innenpolitisch und parlamentarisch kaum durchsetzbar wäre). Notwendig wäre außen- und wirtschaftspolitischer Druck der EU auf Russland, Assad und Iran zu Reformen in Syrien, gekoppelt an Zusagen erheblicher europäischer Wirtschaftshilfe zur Flüchtlingsrückkehr und Beteiligung an einer Friedenslösung. Die von der Regierung Iraks erklärte Bereitschaft zur Rückkehraufnahme könnte auch für Syrien ein hoffnungsvolles Signal werden. Europa sollte sich vorbereiten, im Nahen und Mittleren Osten seine politischen und wirtschaftlichen Interessen entschlossener und stärker an Stelle der weichenden USA zu vertreten. Der EU und ihren Mitgliedstaaten fehlen allerdings die von ihnen nach dem Ausscheiden der USA für eine postatlantische westliche Politik im Nahen Osten aufzubringenden politischen und militärischen Fakten, so die Bereitschaft zu einer Art „europäischer strategischer Autonomie", bei der es wichtig wäre, den europäischen Staaten als Ziel die Fähigkeit zur eigenständigen Intervention in der europäischen Nachbarschaft ohne Hilfe der USA zu setzen.

Zu einem neuen europäisch-amerikanischen Streitpunkt könnte ferner die vom US-Präsidenten vorgenommene Kündigung des seit 30 Jahren bestehenden INF-Vertrags von 1987 werden, der im Februar 2019 ohnehin ausgelaufen ist und die Stationierung atomar bestückter Marschflugkörper untersagte. Von europäischer Seite, so vom deutschen Außenminister Maas, wurde bereits eindringlich vor einem „Wettlauf" um die Stationierung atomarer Mittelstreckenraketen in Deutschland und ganz Europa gewarnt und erklärt, Europa dürfe nicht zum Schauplatz einer Aufrüstungsdebatte werden. Diese Erklärung eines europäischen Außenministers bedürfte allerdings, um gegenüber der US-Administration reale Bedeutung zu erlangen, der Unterstützung weiterer Mitgliedstaaten der EU, die sich, zum Teil gegenwärtig unter populistischem Druck, gegen eine engere sicherheitspolitische Zusammenarbeit stellen.

Die neuen Unsicherheiten im Verhältnis Europa – USA werden durch die amerikanische Drohung vom Mai 2019 gegen den Aufbau einer europäischen Verteidigungsunion verstärkt. Diese beinhaltet die Forderung der USA, die Pläne zum Aufbau einer solchen Verteidigungsunion zu überarbeiten, da die derzeit geplanten Regelungen eine Beteiligung von Rüstungsunternehmen der USA an europäischen Rüstungsbestellungen erheblich erschweren würden. Die offenbar auf wirtschaftliche Interessen zielende Forderung wurde seitens der US-Administration mit einem Schreiben an die EU-Außenbeauftragte Mogherini erhoben. Hier wird die politische Unabhängigkeit der europäischen Sicherheitspolitik durch ihren bisher engsten Verbündeten in Frage gestellt. Fragen europäischer Sicherheit hatten bisher für die transatlantischen Beziehungen jedoch einen zentralen, dominierenden Wert.

Den Forderungen der USA muss Europa nicht nur die Aufstellung gemeinsamer Militärverbände – wie von Macron und Merkel mehrfach gefordert – entgegenstellen, sondern auch eine Steigerung der deutschen Militärausgaben und eine Aufstockung der europäischen Rüstungszusammenarbeit insgesamt. Auch ein unabhängiges Europa braucht die USA als Sicherheitspartner, zumal seine „strategische Autonomie" nur auf lange Sicht und bei Geschlossenheit aller Mitgliedstaaten zu erreichen wäre. Trotz des schärferen Vorgehens Washingtons in der Frage der Iran-Sanktionen und der Kündigung des INF-Vertrags bleibt die Kooperation mit den USA angezeigt, falls die EU weltpolitisch noch als relevanter Machtfaktor wahrgenommen werden will. Es bleibt Aufgabe einer gemeinsamen europäischen Außenpolitik, sich der durch Brexit und amerikanische Unberechenbarkeiten drohenden Schwächung der westlichen Interessen entgegenzustellen und damit neben der militärischen auch die politische Stärke Europas weltweit zu festigen.

10. Lateinamerika

Die lange vernachlässigte Lateinamerika-Politik der EU – und ihrer Mitgliedstaaten – hat zwar eine Neubelebung durch ein EU-Lateinamerika-
Gipfeltreffen im Januar 2013 seitens der EU mit der Gemeinschaft der
lateinamerikanischen und karibischen Staaten (CELAC) in Santiago de
Chile erfahren. Wie bisher, so standen auch bei diesem Treffen wirtschaftliche Fragen wie Handelsbeziehungen und Entwicklungspolitik im Vordergrund, ohne dass über eine Reihe von Absichtserklärungen hinaus sich
sichtbare Fortschritte etwa im Sinne der Förderung entwicklungspolitischer
Zusammenarbeit abgezeichnet hätten. Außenpolitisch bedeutsam erschien
eine gewisse Abkehr der CELAC vom Status eines lateinamerikanischen
Entwicklungshilfeempfängers und Hinwendung zu neuen großen Handels-
partnern wie China.

Nicht nur auf wirtschaftlichem Gebiet bedeutet der Abschluss der Verhandlungen über ein Assoziierungs- und Kooperationsabkommen mit dem
Mercosur im Juni 2019 einen beträchtlichen Erfolg für die Lateinamerika-
Politik der EU, die durch die angespannten Beziehungen zu Argentinien
wegen der Malvinen-(Falkland-)Frage beeinträchtigt war. Die EU bewies
damit ihre politische Handlungsfähigkeit gegenüber Lateinamerika. Als
Belastung für die europäische Lateinamerika-Politik erweist sich allerdings
die seit 2018 fortdauernde Venezuela-Krise. Diese hat dazu geführt, dass
Mitgliedstaaten der EU wie Deutschland, Frankreich und Großbritannien
dem venezolanischen Staatspräsidenten Maduro ultimativ eine Frist von
acht Tagen zur Ankündigung von freien und fairen Präsidentenwahlen
gesetzt haben. Andernfalls wären diese bereit, den venezolanischen Parlamentspräsidenten Guaidó als Interimspräsidenten anzuerkennen, nachdem
dieser sich bereits als solcher proklamiert hatte. Das an Staatspräsident
Maduro gerichtete Ultimatum der vier größten Mitgliedstaaten der EU
wurde von den Regierungen in Rom und Athen nicht unterstützt, was
einem Rückschlag für ein kohärentes europäisches außenpolitisches Handeln gleichkam, wenn auch die Hohe Vertreterin Mogherini bemüht blieb,
den Spalt zwischen dem auf acht Tage befristeten Ultimatum der Vier und
einer von ihr redigierten „Erklärung der 28" zu überbrücken, in der Präsident Maduro die Anerkennung von Guaidó als Staatspräsident angedroht
wird, falls „in den nächsten Tagen" keine Präsidentenneuwahl angekündigt

würde. Eine geschlossene außenpolitische Positionierung der EU und ihrer Mitgliedstaaten erschien weltpolitisch in der Venezuela-Frage umso mehr geboten, als die EU – als „Friedensmacht" – versuchen musste, einen möglichst friedlichen Ausweg zwischen der US-amerikanischen Androhung militärischer Interventionen zugunsten Guaidós und dem von Russland und China machtpolitisch gestützten Staatspräsidenten Maduro zu finden und diesen auch durchzusetzen, ohne angesichts lateinamerikanischer Empfindlichkeiten irgendeine politische Führungsrolle in dieser – obwohl den EU-Mitgliedstaat Spanien tief berührenden – Frage beanspruchen zu wollen. Nicht die offenbar von Washington zunächst erwogene militärische Lösung mit der Gefahr einer möglichen russischen und chinesischen Unterstützung Maduros konnte hier das Leitbild der europäischen Außenpolitik sein, sondern die Weiterverfolgung des von der „Erklärung der 28" beschrittenen demokratischen Weges mit Forderung nach Präsidentenneuwahlen binnen kürzester Frist, andernfalls Anerkennung des Parlamentspräsidenten Guaidó als Übergangspräsident. Auf diese flexible Linie einer möglichst einvernehmlichen Lösung des Konflikts – ohne auswärtige Interventionen – zielte ein Beschluss der Außenminister des EU-Rats Bukarest vom 31. Januar 2019, der die Einrichtung einer internationalen Kontaktgruppe unter Vorsitz der EU bestätigte, der seitens der EU Deutschland, Großbritannien, Frankreich, Italien, die Niederlande, Portugal, Schweden und Spanien angehören sollten, von lateinamerikanischer Seite Bolivien, Ecuador, Costa Rica und Uruguay. Diese Gruppe sollte innerhalb von 90 Tagen die Möglichkeit einer Konfliktlösung in Venezuela ausloten und unterstützen, könnte aber, bei nichtpositiver Aussicht ihrer Bemühungen, diese auch vorzeitig beenden. Mit dieser von Mogherini initiierten, eher lockeren Staatengruppe wurde in der EU mühsam die außenpolitische Spaltung zu überbrücken versucht, die sich im Krisenfall Venezuela zwischen dem ultimativen Vorgehen der vier europäischen „Großen" Deutschland, Frankreich, Großbritannien und Spanien und dem breitangelegten Ansatz aller 28 EU-Mitgliedstaaten gezeigt hatte. Wichtig für ein eher geschlossenes Vorgehen der EU und ihrer Mitgliedstaaten erscheint die Rückendeckung, welche das Europäische Parlament dem Oppositionsführer Guaidó mit einer ihn unterstützenden Resolution gewährte. Wie weit es der Kontaktgruppe aus Staaten der EU und Lateinamerikas gelingen kann, dem Hinweis der Außenminister der EU folgend, mögliche Auswege aus dem venezolanischen Konflikt zu finden, scheint angesichts der teilweise gewaltsamen Auseinandersetzungen zwischen Regierung und Opposition in Caracas unsicher.

Ein negatives Zeichen für die Gestaltung einer kohärenten Außenpolitik der EU im Krisenfall Venezuela stellt der Widerstand Italiens gegen eine zu weit gehende Stärkung Guaidós dar. Italien wandte sich beim EU-Außenministertreffen dezidiert gegen eine „Einmischung" der EU in Venezuela. Es bestehe sonst die Gefahr, die Krise weiter zu verschärfen. Italien sei dagegen, dass ein Land oder eine Gruppe von Ländern die Innenpolitik eines anderen Landes bestimmen könne. Damit zählt Italien – wie offensichtlich auch Griechenland – zu den Staaten, die auf eine nur einvernehmliche, friedliche Konfliktlösung setzen. Wie weit sich diese europäische und partiell von den Lateinamerikanern geteilte Sichtweise in Venezuela durchzusetzen vermag, dürfte auch von anhaltendem wirtschaftspolitischem Druck der USA auf Maduro und dessen weitere Unterstützung durch Russland und China sowie der Haltung des venezolanischen Militärs abhängen. Der symbolische politische Akt der Anerkennung Guaidós durch das Ultimatum der Vier hatte Maduro nicht dazu veranlasst, eine neue Präsidentenwahl auszurufen, und war damit ohne konkret sichtbares politisches Erfolgsergebnis geblieben. Eine weitere reale politische Aktionsmöglichkeit für die europäische Politik wäre die Verhängung von wirtschaftlich-finanziellen Sanktionen gegen das Maduro-Regime gewesen, wie sie bereits von den USA, die weitere Sanktionen planen, ergriffen wurden. Ein Erfolg der Verhandlungen der europäisch-lateinamerikanischen Kontaktgruppe, die einen Dialog mit Maduro anstrebt, erscheint angesichts der weiter anhaltenden repressiven Gewaltbereitschaft des Regimes fraglich. Dazu kommt, dass sich die Haltung Italiens weiterhin blockierend für eine gemeinsame europäische Position erweist. Angesichts der Ablehnung Roms, den außenpolitischen Schritt zur Anerkennung des Übergangspräsidenten Guaidó gemeinsam mit den europäischen Partnern durchzuführen und damit ein nachdrückliches Zeichen für das Zusammenwirken der Mitgliedstaaten der EU auch in Krisensituationen zu setzen, sah sich der italienische Staatspräsident Mattarella immerhin genötigt darauf hinzuweisen, dass die Linie einer Anerkennung Guaidós „von allen EU-Partnern" geteilt werde. Nur der Hohen Vertreterin Mogherini war es bis dahin gelungen, durch die Einsetzung der europäisch-lateinamerikanischen Kontaktgruppe die unterschiedlichen Positionen der EU-Partner aufzufangen. Die auf Weisung Maduros erfolgte

Blockierung der humanitären Hilfeleistungen durch die Armee sowie die Verhaftung des Vizepräsidenten der Nationalversammlung bedeuten faktisch einen erheblichen Rückschlag für Oppositionsführer Guaidó und die ihn stützende EU. Nach der Aufspaltung der europäischen Reaktion in das Vorgehen der vier größten Mitgliedstaaten sowie in Beratungen der europäisch-lateinamerikanischen Kontaktgruppe ist damit in der venezolanischen Krise eine weltpolitische Rolle Europas neben den Großmächten USA, Russland und China erneut reduziert. Auch in der Venezuela-Krise hat sich gezeigt, dass wegen des weiter die europäische Außenpolitik dominierenden Einstimmigkeitsprinzips (nur acht von 28 Mitgliedern der EU standen hinter dem Vierer-Ultimatum) die Europäische Union als eine keineswegs schlagkräftige, sondern eher kaum handlungsfähige Macht in der Venezuela-Krise angesehen wird.

Da sich Maduro in Venezuela weiterhin zu seiner Präsidentschaft bekennt, erscheint eine Durchsetzung des Ultimatums der EU mit Zielrichtung seiner Amtsenthebung derzeit ohne ein ausländisches militärisches Eingreifen wenig realistisch[24]. Militärische Maßnahmen seitens der EU und ihrer Mitgliedstaaten würden als ausländische Intervention auch von der Bevölkerung in Venezuela kaum akzeptiert. Ein weiterer außenpolitischer Alleingang der EU zur „diplomatischen Lösung" der Krise erscheint damit derzeit ausgeschlossen, er würde auch nicht die notwendige Unterstützung maßgeblicher Mitgliedstaaten der EU, wie Spanien oder Italien, finden. Es bleibt abzuwarten, ob die EU außenpolitisch hier nach Möglichkeiten suchen wird, gegebenenfalls vermittelnd zwischen der Opposition und dem Maduro-Regime aktiv zu werden.

Mit ihrem bisher erfolglosen Eingreifen in den Venezuela-Konflikt hat die EU außenpolitisch einen erheblichen Rückschlag erlitten. Wie im afrikanischen Raum hat die – mit Überbetonung der „Wertegemeinschaft" – agierende Union nicht nur wirtschafts-, sondern damit auch außenpolitisch vor allen Dingen China ein weites Feld für politische Interventionen in Lateinamerika überlassen. Vor diesem eher ungünstigen Bild europäischer Lateinamerika-Politik hebt sich allerdings positiv der mit dem Mercosur erzielte erfolgreiche Abschluss des Assoziierungsabkommens ab.

---

24 Vgl. FAZ vom 13.5.2020, S. 5: „Oppositionsführer Juan Guaidó in Bedrängnis"

11. Russland

Die nach dem Untergang der Sowjetunion und damit der kommunistischen Machtherrschaft in Ost-/Mitteleuropa vielfach beschworene und erhoffte engere Bindung eines demokratisch gewordenen Russland an die Europäische Union wurde nicht zu einer politischen Realität. Der demokratische Werte verfolgende politische Gestaltungsanspruch der EU gegenüber dem Russland Jelzins und später Putins, der sich im Partnerschafts- und Kooperationsabkommen von 1994 (PKA) manifestierte, blieb in wesentlichen Teilen, wie etwa der Energiecharta, wirkungs- und damit erfolglos. Das 2007 ausgelaufene Abkommen liegt daher derzeit auf Eis. Verhandlungen über ein neues Abkommen wurden bisher nicht aufgenommen. Sie dürften wegen der von Russland geförderten separatistisch-militärischen Auseinandersetzung in der Ostukraine, der Annexion der Halbinsel Krim durch Russland (März 2014) und andererseits der vordrängenden Assoziierungspolitik der EU (und der NATO) im Westbalkan- und GUS-Raum (Georgien) – die weitere politische Konfrontationen zwischen der EU und Russland impliziert – derzeit keine Aussicht auf Erfolg haben. Während noch in den 1990er Jahren und zu Beginn des neuen Jahrtausends bis zur Münchner Sicherheitskonferenz 2007 die EU und ihre Mitgliedstaaten mit politischen und wirtschaftlichen Mitteln, zuletzt durch eine „europäische Nachbarschaftspolitik", versuchten, auf eine demokratische Stabilisierung Russlands Einfluss zu nehmen, war seit 2007 eine von Russland ausgehende Gegenbewegung festzustellen, die durch die Ukraine-Krise eine merkliche Verschärfung erfuhr.

Was waren die Ursachen für dieses europäische Versagen? Hauptziel der Kooperationspolitik der EU gegenüber Russland war – noch zur Zeit der Regierung von Präsident Jelzin – eine Demokratisierung des durch den wirtschaftlichen und gesellschaftlichen Umbruch, der dem Zerfall der Sowjetunion gefolgt war, tieferschütterten Landes. So sollten die politischen und wirtschaftlichen Ressourcen Russlands durch Annäherung an die EU und einen Beitritt zur WTO gefördert und die Herrschaft des Rechts durch Stützung und Entwicklung effizienter rechtlicher Institutionen gestärkt werden. Russland sollte – so der Wunsch der EU und ihrer Mitgliedstaaten – nach dem Unrechtsstaat Sowjetunion zu einem demokratischen Rechtsstaat mutieren. Auf wirtschaftlichem Gebiet wurden Maßnahmen zur Schaffung eines besseren Investitionsklimas und zur Harmonisierung der Gesetzgebung mit derjenigen der EU unterstützt. Die wirtschaftlichen Beziehungen zwischen der EU und ihren Mitgliedstaaten und Russland entwickelten sich zufriedenstellend. Die Union wurde zum wichtigsten Handelspartner Russlands, und Russland wurde durch den Beitritt zur WTO in die multilaterale Weltwirtschaft einbezogen. Die russischen Energielieferungen in die EU-Staaten blieben konstant. Weitergehende, von der EU und ihren Mitgliedstaaten mit dem PKA und der sogenannten Partnerschaftspolitik verfolgte politische Ziele, insbesondere die Unterstützung eines raschen Liberalisierungs- und Demokratisierungsprozesses und eine engere Anbindung an, wenn nicht sogar Einbindung in die EU, wurden jedoch nicht erreicht. Der im PKA vorgesehene politische Dialog im Rahmen von sogenannten EU-Russland-Gipfeln von Rats- und Kommissionspräsidenten mit dem russischen Staatspräsidenten und im Rahmen des EU-Russland-Kooperationsrats auf Außenministerebene wie eines Kooperationsausschusses auf höchster Beamtenebene blieben ohne konkrete Resultate. Im Gegenteil führte die europäische Assoziierungspolitik gegenüber der Ukraine, von der sich das Russland Präsident Putins offenbar als eine Art Vorstufe zu einem ukrainischen NATO-Beitritt bedroht sah, seit 2013 zu einer ernsten Krise im Verhältnis EU – Russland. Deren einzelne Stationen, wie der Maidan-Aufstand in Kiew, die Weigerung des damaligen Präsidenten Janukowitsch, ein Assoziierungsabkommen der Ukraine mit der EU zu unterzeichnen, die weitgehend von Russland unterstützte Abspaltung der überwiegend von russischsprachiger ukrainischer Bevölkerung bewohnten östlichen Teile des Donbas vom Zentralstaat Ukraine, schließlich auch die Annexion der 1954 vom damaligen kommunistischen Parteichef Chruschtschow eher willkürlich der Ukraine zugeschlagenen Krim-Halbinsel (mit dem historischen russischen Marinestützpunkt Sewastopol), führten zu Sanktionen der EU gegen Russland und russischen Gegensanktionen. Seitdem herrscht, von einem noch immer kräftigen Handelsaustausch abgesehen, mehr oder weniger politische Eiszeit zwischen der EU, ihren wichtigsten Mitgliedstaaten (möglicherweise mit Ausnahme Italiens) und dem Russland Präsident Putins. Vor allem der weiter bedrohliche Ukraine- und Krim-Konflikt (verursacht auch durch die russische Verletzung des Budapester Memorandums von 1994, mit dem die Atommächte USA, Großbritannien, Frankreich und Russland die Unverletzlichkeit der Grenzen der

Ukraine im Austausch auf den Verzicht der Ukraine auf Atomwaffenbe-
stände der Sowjetunion festlegten), verschärft durch die von der Ukraine
initiierte Loslösung der Kiewer orthodoxen Kirche von Moskau, den – von
Russland ausgehenden – Streit um die Kontrolle der Meerenge von Kertsch
und das russische Staatsbürgerschaftsangebot an Bürger der Ostukraine,
belastet heute die politischen Beziehungen der Europäischen Union zu Moskau. Die unvollkommene Implementierung der Vereinbarung von Minsk
II durch den russischen Partner, aber auch durch die ukrainische Rada
(Parlament), die schwierige Rolle der OSZE beim Versuch, im Donezk-
gebiet eine tatsächliche Waffenruhe durchzusetzen, machen die Zukunft
der europäisch-russischen Beziehungen höchst ungewiss. Verhandlungen
über den Abschluss eines neuen Partnerschafts- und Kooperationsabkommens wurden auf einem EU-Russland-Gipfel zwar noch eingeleitet, jedoch
als Reaktion auf Ukraine-Krise und Krim-Annexion mit Beschluss des ER
Brüssel vom 12. September 2014 eingestellt – zusammen mit der Einleitung
von Wirtschaftssanktionen.

Hingegen hatte Russland mit Erklärung seines Außenministers vom Juni
2014 seinen Wunsch nach Weiterführung der Verhandlungen bekundet.
Nachdem Art. 21 Abs. 2 EUV Liss. das auswärtige Handeln der Euro-
päischen Union zur Förderung von Demokratie, Rechtsstaatlichkeit und
Menschenrechten verpflichtet, könnte möglicherweise die sogenannte „Wer-
tefrage" angesichts russischer Ablehnung des Aufoktroyierens westlicher
Werte zum Stolperstein für ein neues Partnerschaftsabkommen EU – Russ-
land werden. Ein wesentliches Hindernis für den Abschluss eines neuen
Abkommens mit Russland dürfte ferner die Nachbarschaftspolitik der
Union gegenüber den einzelnen Mitgliedern der Gemeinschaft unabhängiger
Staaten (GUS) – und jetzt der Eurasischen Wirtschaftsunion – darstellen.
Das auch politisch weitreichende Angebot der EU richtete sich mit dem
Gipfel vom 9. Mai 2008 in Prag als östliche Partnerschaft der EU an Länder
der früheren Sowjetunion, wie Armenien, Aserbaidschan, Georgien, Molda-
wien, Ukraine und Belarus. Russland lehnte ein derartiges Angebot der EU
ab. Als Antwort an die EU brachte Moskau seit 2011 das Projekt Eurasische
Wirtschaftsunion ins Spiel, was politisch zu einer Art Integrationskonkur-
renz der EU mit Russland um die ehemaligen – von Russland abhängigen
GUS-Staaten – führen musste. Während somit die politischen Beziehungen
zwischen der EU und Russland seit der weiter schwelenden Ukraine-Krise

stagnierten, entwickelte sich der wirtschaftliche Austausch ungeachtet der von der EU in der Ukraine-Krise verhängten Sanktionen gegen Russland und russischer Gegensanktionen gegen die Mitgliedstaaten der EU durchaus befriedigend. Angesichts der Bedeutung Russlands als größtes Energielieferland für die EU, der engen Kooperation zwischen großen europäischen Energieunternehmen und der russischen Energiewirtschaft und – andererseits – der Bedeutung der EU als wichtigster Absatzmarkt für russische Energielieferungen (Erdöl, Erdgas und LNG) ist es wohl zutreffend, wenn neben den politischen Differenzen auch eine wirtschaftliche Interdependenz zwischen der EU als wichtigstem Handelspartner Russlands und Russland als drittgrößtem Handelspartner der EU festgestellt werden kann. Ob sich die aussichtsreichen wirtschaftlichen Beziehungen zwischen der EU und Russland auch in Zukunft positiv entwickeln werden, wird von einer politischen Regelung der dabei vitalen Ukraine-Frage abhängen, die der neue ukrainische Präsident verstärkt anstrebt. Ein weiterer politischer Streitpunkt zwischen der EU und Russland dürfte im Justizbereich die russische Forderung nach Abschaffung der von der EU aufrechterhaltenen Visumpflicht für russische Staatsbürger bilden. Diese russische Forderung gewinnt aus russischer Sicht an Aktualität durch die von der EU ukrainischen Staatsbürgern seit 2017 grundsätzlich gewährte Visumfreiheit.

Die Haltung der Europäischen Union in ihrer Außenpolitik gegenüber dem großen Nachbarn Russland nach Ende ihrer Partnerschaftspolitik bleibt damit zwiespältig, sie ist von negativen und von positiven Elementen geprägt. Der gescheiterte Gipfel der EU zur östlichen Partnerschaft 2013 in Vilnius, als sich der damalige ukrainische Staatspräsident unter dem Einfluss Russlands weigerte, das Assoziationsabkommen mit der EU zu unterzeichnen, zeigte die Grenzen der östlichen Nachbarschaftspolitik der EU auf, ließ jedoch eine weitere Aussparung Russlands aus dem EU-Vertragssystem als schwer denkbar erscheinen. Einer Beendigung der wegen Ukraine-Krise und Krim-Annexion verhängten europäischen Sanktionen gegen Russland stehen jedoch neue, als provokativ bewertete Maßnahmen in Form des Angebots russischer Pässe für die Bewohner der ostukrainischen Separatistenbezirke Donezk und Luhansk entgegen, die von der EU-Außenrepräsentantin Mogherini als weitere russische Destabilisierung und Konfliktverschärfung kritisch bewertet wurden. Mogherini, die hierin einen weiteren Angriff auf die Souveränität der Ukraine kritisierte, erwähnte allerdings nicht einen dem russischen Vorgehen unmittelbar vorausgegangenen Gesetzesbeschluss der ukrainischen Rada über Beschränkungen der russischen Sprache für Ukrainer. Wirtschaftlich und politisch stehen Deutschland, Frankreich und Großbritannien gegen den Widerstand einiger osteuropäischer Mitgliedstaaten der EU hinter dem Bau der Nord-Stream-2-Pipeline durch die Ostsee, die erheblich mehr russisches Gas nach Westeuropa bringen würde, zumal dieses Projekt von der EU bisher nicht sanktioniert wurde. Eine schrittweise Lockerung der von der EU bisher verhängten Sanktionen bei russischem Entgegenkommen zunächst in Teilaspekten der Ukraine-Streitfrage hatte seinerzeit der ehemalige deutsche Außenminister Gabriel vorgeschlagen. Er plädierte in diesem Zusammenhang – angesichts des Ausbleibens der für eine wirksame europäische Außenpolitik notwendigen Mehrheitsentscheidungen – nachdrücklich für eine Verstärkung des praktischen außenpolitischen Handelns durch Verständigung der Staats- und Regierungschefs der EU und damit für eine Phase der Stärkung des intergouvernementalen gemeinsamen Handelns der europäischen Staaten.

Die schließlich unter dem neuen Staatspräsidenten Selenskyj doch noch erfolgte Unterzeichnung eines Assoziierungsabkommens der EU mit der Ukraine hat die grundsätzliche Positionierung der EU im Verhältnis zu Russland nur wenig geändert. Das Europa der EU braucht Russland (als weiter einflussreiche Großmacht) sowohl für eine praktikable Lösung der Syrien-Krise, aus der weitere Flüchtlingsströme über das Mittelmeer drohen, wie auch zur Stabilisierung einer politisch und wirtschaftlich geschwächten Ukraine und Libyens[25].

Zu dem mit der Vereinbarung von Minsk II erreichten vorläufigen Verhandlungserfolg der vier Staaten des „Normandie-Formats" (Frankreich, Russland, Deutschland, Ukraine) zur Beilegung des Konflikts im Donbas ist europapolitisch jedoch anzumerken, dass außenpolitisch nicht die EU, sondern lediglich zwei ihrer stärksten Mitglieder daran beteiligt waren und sind. Die sonst international effektiv agierende Außenrepräsentantin Mogherini spielte in dieser für eine Lösung des Ukraine-Konflikts bedeutsamen Minsker Verhandlungsnorm keine tragende Rolle. Andererseits haben die „nationalen" westlichen Teilnehmer in den Verhandlungen von Minsk

25 Vgl. inoffizielle Stellungnahme der Bundesregierung, FAZ vom 16.5.2020, S. 3

II lediglich die Erzielung eines begrenzten Waffenstillstands im Donbas erreicht, nicht jedoch bisher in der zweiten Stufe eine, wenn auch umstrittene, Autonomieregelung für einen Teil der Ostukraine.

Die EU-Außenpolitik, die heute von einem Kern großer Nationalstaaten wie Deutschland, Frankreich, Großbritannien, Italien und Spanien bestimmt wird, steht damit vor dem Dilemma, dem aggressiven russischen Vorgehen im Ukraine-Konflikt und im syrischen Bürgerkrieg eine politisch-wirtschaftliche Haltelinie entgegenzusetzen, ohne hierbei zu überziehen. Für die Außenpolitik der EU geht es daher in der vitalen Frage ihrer Beziehung zu Moskau darum, bei der gebotenen Festigkeit im Ukraine-Krim-Konflikt jedes nur mögliche „Window of opportunity" zu nutzen, um die Tür für einen substanziellen Dialog mit Russland weiter offenzuhalten. Hinsichtlich der vor einigen Jahren mit der Vereinbarung von Minsk II vereinbarten teilweisen Autonomie für die russischsprachigen orthodoxen Regionen könnte ein positiver Ansatz zur Verständigung zwischen Moskau und Kiew geschaffen sein. Dabei sollten auch die russischen Empfindlichkeiten gegenüber vermeintlichen westlichen Bedrohungen, wie eine NATO-Erweiterung, die von Russland als gravierend erachtet wird, berücksichtigt werden. Wenn auch derzeit die traditionelle Assoziierungspolitik der EU gegenüber den GUS-Staaten durch den außenpolitischen Konflikt mit Russland weitgehend blockiert scheint, stellt sich im Hinblick auf die innere wirtschaftliche und institutionelle Schwäche der Ukraine – anhaltende Korruption in den oberen Rängen von Wirtschaft und Politik und mehr oder weniger weiterhin bestehende Abhängigkeit von russischen Erdgas-Direkt- oder -Transitlieferungen sowie die politischen Brandherde Donbas und Krim – die Frage, ob die EU nicht außenpolitisch und wirtschaftlich schlecht aufgestellt war, mit ihrem Assoziierungsvorstoß gegenüber der Ukraine eine politische Konfrontation mit Russland zu riskieren und dabei nicht zu erkennen, dass Moskau auch nach dem Zusammenbruch des Sowjetstaats am damaligen Einflussbereich festhalten will. Die außenpolitische Lehre, die sich für die künftige Russland-Politik der EU hieraus ergibt, würde wohl eine größere Beachtung russischer strategischer und wirtschaftlicher Interessen im postsowjetischen Raum erfordern. Diese Sicht würde einen NATO-Beitritt der Ukraine ausschließen (eine Position, an der bisher Berlin und Paris festgehalten haben), wenn auch Russland zur Zeit Gorbatschows die NATO-Mitgliedschaft der baltischen Staaten hingenommen hatte.

Wirtschaftlich wäre eine Brückenfunktion der Ukraine zwischen dem Westen Europas und den von Russland beeinflussten GUS-Staaten denkbar wie auch eine Freihandelszone, eine große Zone der Kooperation, zwischen der EU und Russland oder der Eurasischen Wirtschaftsunion. Eine von der EU geführte Außenpolitik muss allerdings damit rechnen, dass angesichts der russischen Obsession einer eigenen Bedrohung durch das Eindringen der EU und insbesondere der NATO in die russische Einflusssphäre der GUS-Staaten die Annexion der Krim – historisch Russland eng verbunden – auf absehbare Zeit nicht mehr rückgängig gemacht wird. Allenfalls wäre hier eine Kondominiumslösung mit der Ukraine denkbar. Die Vereinbarungen von Minsk II eröffnen genügenden politischen Spielraum, um Russland auf dem Verhandlungs- und falls nötig auch Sanktionsweg von der separatistischen Unterminierung der Einheit des ukrainischen Staates abzubringen. Ziel einer neu gestalteten Russland-Politik der EU müsste daher die Respektierung der territorialen Integrität des ukrainischen Gesamtstaats mit möglicherweise Sonderlösungen für den Donbas und die Krim durch Russland sein, ohne dass eine enge Westbindung der Ukraine von Russland als Bedrohung wahrgenommen würde.

Die EU braucht Russland als wichtigen außenpolitischen Partner, so auch zur Austarierung wachsenden chinesischen Einflusses in Osteuropa und Afrika, als Partner des Atomabkommens mit Iran und zur politischen Eindämmung der atompolitischen und nahöstlichen Ambitionen der Islamischen Republik. Russland, engster militärischer und politischer Partner des syrischen Diktators Assad, fällt neben der Türkei auch eine Schlüsselrolle bei der politischen Lösung der syrischen Krise zu. Auch hier müsste eine europäische Außenpolitik, der am Stopp des Bürgerkriegs-Flüchtlingsstroms aus Syrien gelegen ist, sich angesichts der schrumpfenden Rolle der USA im Nahen Osten verstärkt auf Russland stützen können. Dabei könnte sich die EU auf ihr Angebot einer von Assad und seinem Partner Russland dringend benötigten Wiederaufbauhilfe für Syrien beziehen, die auch zur Erleichterung der bisher von Europa getragenen Flüchtlingslast und die Rückführung der Migranten aus Europa nach Syrien beitragen würde.

Im Vordergrund künftiger Versuche europäischer Außenpolitik, zu einem politischen Interessenausgleich mit Russland zu gelangen, würden indessen weiterhin Schritte Moskaus zur Beendigung der von den OSZE-Missionen eindeutig nachgewiesenen russischen Unterstützung des ostukrainischen

Separatismus stehen. Als erschwerend für eine ausgewogene Ukraine-Russland-Politik der EU erweist sich, dass in der Ukraine mit anhaltender Korruption bis in die höchsten Regierungsränge von einer Befolgung des Werte-Konsens der EU keine Rede sein kann. Eine unabhängige Justiz existiert – nach dem Urteil internationaler Experten – in Kiew nicht. Das ukrainische Parlament und die Bevölkerung wünschen zwar überwiegend eine Annäherung an die EU – möglichst bis zum Beitritt –, sind aber – auch unter dem negativen Einfluss einiger mächtiger Wirtschaftsoligarchen – nicht in der Lage und daher nicht bereit, die notwendigen rechtsstaatlichen Voraussetzungen für eine engere „europäische" Ausgestaltung der Assoziierung mit der EU zu schaffen. Auch finanziell und wirtschaftlich bedeutet allerdings der anhaltende Kleinkrieg im Ostteil des Landes eine schwere Belastung für den ukrainischen Staat. Letztlich liegt es aber auch gerade an der ukrainischen Rada, durch Gewährung einer sinnvollen „Teilautonomie" der russischsprachigen Gebiete im Osten zu einer politischen und wirtschaftlichen Lösung dieser dornigen und komplizierten Frage beizutragen. Eine Lösung könnte auch als Ausgangsplattform für eine Einigung über die Halbinsel Krim mit freiem Zugang zum Asowschen Meer dienen.

Die Übernahme des Regelwerks des Acquis der EU, das sich im Wesentlichen auf Übernahme und Umsetzung europäischer Rechtsnormen, die Umsetzung der Werte des Rechtsstaats und Säuberung der Wirtschaft von Korruption und damit marktwirtschaftliche Stabilisierung bezieht, durch eine assoziierte Ukraine würde keineswegs das von Russland befürchtete militärisch-geopolitische Heranrücken des Landes an das transatlantische Militärbündnis bedeuten. Andere demokratische, der EU angehörende Staaten, wie Österreich, Schweden, Irland und Finnland, sind nicht Mitglieder der NATO. Eine eventuelle Einbeziehung Kiews in den NATO-Pakt wurde begründetermaßen bei der NATO-Tagung in Wales von Bundeskanzlerin Merkel und der französischen Regierung abgelehnt und damit grundsätzlich russischen Sicherheitsbedenken Rechnung getragen. Eine Wiederaufnahme der diplomatischen Verhandlungen der EU mit Russland erscheint allerdings insgesamt schwierig. Sie dürfte davon abhängen, ob nicht die völkerrechtliche Einordnung der Krim-Frage in ein russisch-ukrainisches Kondominium die entscheidende Voraussetzung für eine die Ukraine und die EU befriedigende Lösung des Ostukraine-Problems bilden würde. Europäische Außenpolitik, die als Vermittlerin zwischen der Ukraine und Russland beim

Ausbruch des Ostukraine-Konflikts im Jahr 2014 hätte wirksam werden können, gab es bisher nur begrenzt. Wie heute stets praktiziert, traten Deutschland in Gestalt von Bundeskanzlerin Merkel und Frankreichs Präsident Hollande stellvertretend für die EU und ohne die EU-Außenbeauftragte in Gestalt des „Normandie-Formats" in die schwierigen Friedensverhandlungen zwischen der Ukraine und Russland ein, nachdem die USA (noch unter Präsident Obama) davon abgesehen hatten, sich an einer Konfliktlösung zu beteiligen. In den damals durchgeführten Minsker Friedensgesprächen gelang es den europäische Außenpolitik vertretenden Staaten nicht, einen entscheidenden Durchbruch zur Konfliktlösung zu erzielen, jedoch vereinbarte man – auch dank Einschaltung der OSZE – ein Einfrieren der beiderseitigen Kampfhandlungen auf einem begrenzten Niveau. Die am 11. November 2018 durchgeführten Scheinwahlen in den „Volksrepubliken" Donezk und Luhansk durch die von Moskau unterstützten Separatisten verletzten offensichtlich die politische Stillhaltepflicht aus dem Minsker Abkommen. Allerdings bleibt offen, ob die Ukraine ihrer Verpflichtung aus Minsk II nachgekommen ist, beiden strittigen – von Russen und Ukrainern bewohnten – Regionen im Donbas zumindest eine Art von Sonderstatus zu gewähren. Es gibt deutliche Anzeichen dafür, dass radikale nationalistische Parteien im ukrainischen Parlament eine Durchsetzung dieses für den Friedensschluss in der Region wesentlichen politischen Punktes bisher verhindert haben. Ein weiterer wichtiger Punkt einer Friedenslösung für die Ostukraine wäre die für eine Rekonstruktion der weithin zerstörten Industrieregion im Donbas mögliche Wiederaufbauhilfe der EU. Diese könnte der Ukraine unter Bedingungen gewährt werden, welche die im ukrainischen Staat grassierende Korruption definitiv ausschließen und beseitigen. Auf diese Weise bliebe die EU nicht nur wirtschaftlich-finanziell, sondern als Partner des Minsker Abkommens, vertreten durch Deutschland und Frankreich, auch politisch bei der Lösung des Ukraine-Konflikts stärker präsent.

An ihrer Ostflanke müsste die EU somit außenpolitisch noch stärker als bisher an einer Konfliktherabstufung mitarbeiten, um den sich nunmehr aufheizenden „Nachbarschaftsstreit" zwischen Kiew und Moskau – außer in den sogenannten Donezk-Republiken auch bei der mit der Souveränität über die Krim verbundenen Frage der freien Passage durch die Straße von Kertsch – zumindest einzugrenzen. Die Spannungen zwischen Moskau und Kiew hatten durch die Kündigung des sogenannten Freundschaftsvertrags der Ukraine mit Russland von 1999 durch die ukrainische Rada eine Steigerung erfahren. Dieser Vertrag sah eine strategische Partnerschaft beider Staaten und ihre wirtschaftliche Zusammenarbeit vor. Er ist am 1. April 2019 ausgelaufen. Zu diesem Votum der Rada, das eine gravierende Antwort auf die vorübergehende Sperre der Durchfahrt durch die Meerenge von Kertsch seitens der russischen Marine darstellen sollte, hatte die EU außenpolitisch nicht Stellung genommen, sondern – wie auch einzelne Mitgliedstaaten – sich an die OSZE mit der Bitte um Deeskalation in der Frage der Kertsch-Binnenzufahrt gewandt. Mit der die Vertrauensbildung im Dialog zwischen der Ukraine und Russland behindernden Kündigung des Freundschaftsvertrags mit Russland hat das ukrainische Parlament einen riskanten außenpolitischen Schritt unternommen.

12. China

Mit der Landung einer Raumsonde auf der Mond-Rückseite und der Wahl eines Chinesen zum Vorsitzenden der Ernährungs- und Landwirtschaftsorganisation der Vereinten Nationen im Jahr 2019 hat das moderne China nicht nur eine technologische Spitzenleistung erbracht, sondern auch international große politische Prestigeerfolge erzielt. China hat mit seiner technologischen Glanzleistung und seinem personalpolitischen UNO-Aufstieg seinen Rang als große Weltmacht bekräftigt und mit den weltpolitisch wichtigsten Staaten USA und Russland gleichgezogen. Gerade weil es sich bei der Mondlandung um ein strikt nationales und kein Gemeinschaftsprojekt handelte, wie sie etwa die großen Rivalen USA und Russland durchführen, war der machtpolitische Überraschungseffekt der chinesischen Großtat, die auf technologische und politische Spitzenleistung abzielte, weltweit von großem Prestigegewinn für Peking. Dieses Vorgehen dürfte sich zunächst auch in der chinesischen „Realpolitik" im asiatisch-pazifischen und afrikanischen Raum positiv für das internationale Ansehen Chinas, sowohl als technologisch mitführende Weltmacht wie als politisch-militärischer Machtfaktor, auswirken. Europa hat demgegenüber international an Boden verloren. Damit wird es für die EU schwieriger, auf die selbstsicher auftretende chinesische Großmacht Einfluss zu nehmen. Ob sich der Erfolg Chinas in einer noch selbstbewussteren chinesischen Außenpolitik auch gegenüber der EU niederschlagen wird, bleibt abzuwarten.

Für die EU – im ersten Halbjahr 2019 von einer rumänischen Ratspräsidentschaft geleitet – bedeutete die völlig überraschende chinesische „Belt and Road Initiative" eine nicht nur wirtschaftliche, sondern auch politische Herausforderung. Es mehren sich die Alarmzeichen chinesischer politischer Interventionen auf dem Balkan und im östlichen Mittelmeerraum. Hier versucht die chinesische wirtschaftspolitische Strategie durch Übernahme von für das europäische Hinterland wichtigen Hafenknotenpunkten wie Piräus und jetzt Genua und Triest und kreditfinanzierten Eisenbahnstrecken zum Beispiel zwischen Serbien und Kroatien wirtschaftliche und politische Bindungen an China zu schaffen, die zumindest der chinesischen Exportwirtschaft interessante europäische Absatzmärkte verschaffen. Diese chinesische „Hilfe" erfolgt weitgehend auf Kreditbasis. Mit der weitreichenden Verschuldung Italiens und der südosteuropäischen Unionsmitglieder steigt auch deren politische Abhängigkeit von China. Die intensive Einflussnahme Chinas auf die Mitgliedstaaten der EU in Ost- und Südosteuropa hat sich in der Folge des sogenannten 16+1-Prozesses in Dubrovnik (Kroatien) vom April 2019, an dem, in Anwesenheit des chinesischen Stellvertretenden Ministerpräsidenten Liu He, elf EU-Mitglieder und fünf Westbalkanstaaten teilgenommen haben, verstärkt. Neben Strukturförderungsmitteln der EU fließen chinesische Staatskredite in Infrastrukturvorhaben Kroatiens. Die neuerliche Einflussnahme Chinas auf die Gruppe der Visegrád-Staaten im Osten der EU könnte zum Abdriften dieser Länder vom bisher von Westeuropäern dominierten Staatenverbund „Europäische Union" beitragen. Es handelt sich bei diesem chinesischen Vorgehen nicht um die Vorbereitung möglicher militärischer Druckmittel, wie sie in Ostasien in der Konfliktzone China – Vietnam oder Japan – USA drohen, sondern um einen wirtschaftlichen und politischen Wettstreit um bessere machtpolitische Positionen. Ministerpräsident Li Keqiang hat bei Treffen in Paris und in Brüssel versucht, die Besorgnisse der EU gegenüber China als „Systemkonkurrent" zu zerstreuen und versichert, dass China mit seinen Initiativen keine Spaltung der EU wolle. Das in Brüssel von beiden Seiten unterzeichnete China-EU-Memorandum könnte eine für die EU positive Eingrenzung der chinesischen Aktivitäten in Europa bedeuten. Besonderes Interesse hat China offensichtlich jedoch an einer engeren Verbindung mit dem zunehmend eigenständig agierenden EU-Altmitglied Italien, das sich wohl aus finanziellen Gründen an Chinas neuem „Seidenstraße"-Projekt beteiligt. Eine chinesisch-italienische Absichtserklärung (Memorandum of Understanding) wurde beim Besuch von Präsident Xi Jinping in Italien am 22. März 2019 unterzeichnet. Italien hofft, seine Exporte nach China steigern und große chinesische Investitionen anziehen zu können, ohne seine Verankerung in EU und NATO preiszugeben. Wenn von italienischer Regierungsseite hierzu beruhigende Erklärungen in Richtung EU und NATO abgegeben werden, so fehlt es nicht an warnenden Hinweisen aus Washington, dass mit Italien sich erstmals ein Mitglied der G7 auch an dem chinesischen „Seidenstraße"-Projekt beteiligt. Damit kontrastiert allerdings ein bisher eher zögerliches Vorgehen der EU, im Vorfeld belastet durch innerstaatliche Konflikte der Balkanländer. Erst der Rom-Besuch von Präsident Xi führte in Brüssel zur Einsicht, dass China für die EU ein „strategischer Wettbewerber" sei, und zum Versuch, „europäische Geschlossenheit" gegenüber chinesischer Kreditdiplomatie wiederherzustellen. Der scharfe wirtschaftliche und politische Kurs, den der realpolitisch ausgerichtete US-Präsident Trump seit 2018 gegenüber China eingeschlagen hat, stellt die EU und ihre Mitgliedstaaten vor schwierige, vor allen Dingen wirtschaftspolitische Entscheidungen, die ein Festhalten der Europäer an multilateralen weltweiten Freihandelssystemen unter Aufsicht der WTO als für Europa wirtschaftlich vorteilhaft erfordern.

Das weltwirtschaftlich und weltpolitisch erstarkte China tritt zunehmend als gewichtiger Konkurrent amerikanischer, aber auch europäischer Einflussnahme in großen, der EU benachbarten Regionen auf, so auf dem afrikanischen Kontinent und im Mittleren Osten bis hin zur Türkei. Die außenpolitische Strategie der EU gegenüber den Staaten Ostasiens war demgegenüber eher kurzsichtig, seit Ende der 1990er Jahre großflächig auf Partnerschaft mit den ostasiatischen Staaten in ihrer Gesamtheit ausgerichtet, wie etwa die Kontakte EU – ASEAN zeigen. Faktisch waren jedoch Versuche der EU, eine eigenständige europäische Rolle in der asiatischen Politik zu spielen, nur wenig von dauerhaftem Erfolg gekrönt. Mit dem Ziel, zu einer friedlichen Annäherung beider koreanischer Staaten beizutragen, stattete bereits im Mai 2001 eine EU-Troika mit dem schwedischen Ministerpräsidenten Göran Persson, dem EU-Kommissar Chris Patten und dem Hohen Vertreter Javier Solana Nord- und Südkorea einen Besuch ab, um die Verbundenheit der EU mit der Region zu demonstrieren. Dies blieb jedoch bei beiden Staaten ohne europapolitische Folgerungen. Bereits im

Jahr 2000, noch unter französischer Präsidentschaft, war abseits europäischer Geschlossenheit die Bekanntgabe der Aufnahme diplomatischer Beziehungen mit Nordkorea durch Deutschland und Großbritannien vorausgegangen.

Sein enormer wirtschaftlicher und technologischer Aufschwung hat – das nominell kommunistische – China in den vergangenen 50 Jahren zu einer der größten Weltmächte werden lassen. So wurde das „Reich der Mitte" zum Herausforderer der USA, der bis dahin bedeutendsten Welt-Hegemonialmacht. Die enorme wirtschaftliche Vorwärtsbewegung des Landes hat zu einem Welthandelsanteil von ca. 20 Prozent und zu mehrfacher Überholung der russischen Volkswirtschaft geführt. China ist heute zu einem globalen Konkurrenten von USA und EU geworden. Mit den USA droht ein kaum noch vermeidbarer Handelskrieg, ausgelöst durch einen gewaltigen chinesischen Handelsbilanzüberschuss und daher protektionistischen Drohungen des amerikanischen Präsidenten. Im Verhältnis zur EU geht es um die Abschöpfung fortgeschrittener europäischer Technologien, handelspolitische Erpressung und machtpolitische Einflussnahme auf schwächere Mitgliedstaaten durch den global orientierten und mit Kreditzusagen garnierten Bogen der „neuen Seidenstraße" von Ostchina zum Westatlantik.

Im Verhältnis zu den USA scheint Chinas Präsident Xi mehr Kooperation und damit einen Kompromiss anzustreben; für einen solchen spricht insbesondere das sehr günstige Beliefern des kaufkräftigen US-Marktes mit chinesischen Technologieprodukten. Für eine mögliche Vertiefung der Beziehungen Chinas zur EU und ihren Mitgliedstaaten spricht, dass europäische Unternehmen und ihre Investoren zur soliden Stabilisierung der chinesischen Unternehmensstrukturen und damit auch zur Verbesserung des Lebensniveaus der chinesischen Industriearbeiterschaft beitragen könnten. Ein großer politischer Unsicherheitsfaktor für das Verhältnis Chinas zur EU bleibt die Entwicklung der für die kommunistische Regierung in Peking äußerst prekären Unruhen in Hongkong, wo sich das Leitbild „Ein Land – zwei Systeme" offensichtlich abgenutzt hat. Eine gewaltsame Niederschlagung der Unruhen – wie seinerzeit in Peking – würde China das gesamte in den letzten Jahrzehnten erworbene politische Prestige kosten und das chinesische außenpolitische Großprojekt der „neuen Seidenstraße" nachhaltig beschädigen. Bisher sind jedoch diesbezügliche Ermahnungen

der EU und von nationaler britischer Seite von Peking als „Einmischungen"
zurückgewiesen worden.

China als Partner oder auch Gegenspieler der EU in der Dritten Welt
wurde zu Beginn dieses Jahrtausends zu einem Axiom europäischer Politik. Die zunehmende ökonomische Bedeutung Chinas für das Europa der
EU, so als größter Absatzmarkt für die europäische Automobilindustrie,
entsprach bisher jedoch nicht dem Grad der außen-, insbesondere auch
sicherheitspolitischen Beziehungen. Sicherheitspolitisch scheint das seinerzeit – unter dem Druck der USA – verhängte Waffenexportembargo der EU
gegen China aufrechterhalten zu werden. Formelle Gipfeltreffen, wie etwa
der 14. und der 15. EU-China-Gipfel am 14. Februar 2012 in Peking und
20. September 2012 in Brüssel täuschen hinweg über das bisher fehlende
stärkere außenpolitische Engagement der EU gegenüber China, mit dem
chinesischem Machtstreben in Asien, Afrika und Europa eine nachhaltige
europäische außen- und sicherheitspolitische Abwehrstrategie entgegenge-
halten werden sollte.

Die Rolle des EU-Außenbeauftragten im Dialog mit China sollte daher
wesentlich gestärkt und auch die Abhängigkeit der europäischen China-
Politik von einem übermächtigen Einfluss der USA gelöst oder zumindest
reduziert werden. In der europäischen Außen- und Sicherheitspolitik wie
in ihrer Wirtschaftspolitik gegenüber China – mit oder ohne Brexit – sollte
die EU ihre eigenen europäischen Interessen vertreten. Europäische China-
Politik muss heute nicht nur einer wachsenden Konkurrenz Chinas auf dem
afrikanischen und asiatischen Kontinent und sogar auch in Lateinamerika
begegnen, sondern auch einem chinesischen Expansionswillen, der sich mit
dem politisch-wirtschaftlichen Großprojekt „neue Seidenstraße" bis ins
Europa der EU erstreckt. Die hohen finanziellen Kredite, die Ministerpräsident Li im November 2017 in Budapest die elf osteuropäischen Staaten
für geplante Infrastrukturprojekte zusagte, zeigen die Gefahr einer Spaltung
der EU in eine wirtschaftlich und politisch produktive Westhälfte und die
elf Staaten Ost-/Mitteleuropas und lassen befürchten, China wolle damit
einen bestimmenden wirtschaftlichen finanziellen und politischen Einfluss
in der EU erlangen, wie ihn bis 1990 die UdSSR wirtschaftlich und politisch
in Osteuropa ausübte. Wenn auch der derzeitige wirtschaftliche und politische Einfluss Chinas in Ost-/Mitteleuropa nicht überschätzt werden sollte,
so ist dennoch ein steigender Außenhandelsanteil Chinas in Osteuropa zu

Lasten Westeuropas ein nicht unbedenkliches Anzeichen für die wachsende chinesische Ausbreitung in der Region und damit eine chinesische Herausforderung an die Kohärenz der EU.

Wie sollte die EU insgesamt auf diese chinesische Herausforderung reagieren, die sich ihr einmal in Form des Machtbogens der „neuen Seidenstraße" und zum anderen in der chinesischen wirtschaftlichen und politischen Konzentration auf Süd- und Osteuropa stellt? Das führt weiter zur Frage nach der finanziell-wirtschaftlichen, aber auch außen- und sicherheitspolitischen Handlungsfähigkeit und vor allem nach dem europäischen Handlungswillen. Nicht allein durch die chinesische Einflussnahme auf einen Großraum, der sich von Ostchina bis zum Westatlantik erstreckt, wenn diese sich auch zunächst nur wirtschaftliche und strukturelle Ziele zu setzen scheint, muss sich das Europa der EU als Objekt eines chinesischen wirtschaftlichen Angriffs fühlen, der seine afrikanischen und mittelöstlichen Rohstoffquellen, nicht nur das Erdöl, bedrohen und gefährden könnte. Auch hier könnte es Aufgabe europäischer Außenpolitik sein, durch euroafrikanische und -arabische Allianzen wie durch ein Zugehen auf China den von Peking ausgehenden politisch-wirtschaftlichen Druck auf die EU aufzufangen und ihm zu widerstehen. Zweifellos ist das kommunistische China heute bestrebt, sich einmal multilateral im Rahmen der Vereinten Nationen durch Mitwirkung an – auch militärischen – UNO-Aktionen, in Weltbank und WTO, aber auch bilateral durch intensive Kontakte zu seinen wichtigen asiatischen Nachbarn wie Vietnam, Indonesien und Pakistan in eine Weltposition einzuordnen, die den auf Russland, die USA und den arabischen Raum fixierten Europäern bis vor kurzem undenkbar schien. China dürfte in den nächsten Jahrzehnten zur bedeutendsten Volkswirtschaft der Welt heranwachsen und damit sowohl die USA wie auch das Europa der EU weit überholen. Für Europa gilt es daher, in geschlossenem außenpolitischem und wirtschaftlichem Handeln dem chinesischen Machtanspruch in Europa, im Nahostraum und in Afrika Einhalt zu gebieten. Es wird Aufgabe der EU-Kommission, aber auch des Rats der Mitgliedstaaten sein, eine substanzielle europäische Antwort auf die chinesische Wirtschaftsoffensive zu finden, die nicht weniger zum Ziel hat, als einen eurasischen Wirtschaftsraum zu schaffen, der über See und einen verbesserten Schienenverkehr die ostasiatischen und westeuropäischen Wirtschafträume durch verbesserte Infrastrukturen einer „neuen Seidenstraße" näher zusammenrücken lassen würde. China sieht sich hier offensichtlich als wirtschaftliche und politische Großmacht, die – wie die Übernahme griechischer und italienischer Häfen zeigt – auch zur Einflussnahme auf neuralgische Punkte im Verkehrsnetz der EU willens und in der Lage ist. Ungeachtet der Notwendigkeit für die Außen-, Sicherheits- und Wirtschaftspolitik der Europäischen Union, angesichts der immer größeren wirtschaftlichen politischen Bedeutung Chinas zu einem wirtschaftlichen und politischen Einvernehmen mit dieser asiatischen Großmacht zu kommen, kann und sollte die EU die in China vorhandenen Risiken wirtschaftlicher, finanzieller und innenpolitischer Natur jedoch nicht unterschätzen. Trotz der beachtlichen wirtschaftlichen Erfolge des Landes, das mit kapitalistisch aufgelockerter kommunistischer Planwirtschaft wirtschaftlich Russland weit überholt hat und in Teilbereichen den USA nahegerückt ist, bleibt China bis heute ein in seinem Inneren wirtschaftlich und sozial tief gespaltenes Land. Während der pazifische Osten industriell durch den Exportboom blüht, liegen die Dörfer des Hinterlands im Windschatten der Weltkonjunktur. Die hier entstandenen tiefen sozialen und innenpolitischen Gegensätze könnten stärker nach außen durchschlagen. Die nachdrückliche – auch unter amerikanischem Druck – verfolgte wirtschaftliche und finanzielle Öffnung für ausländische Investoren und Betriebe in letzter Zeit hat bisher für die Mehrheit der arbeitenden chinesischen Bevölkerung keine größeren sozialen Fortschritte gebracht. Noch immer wagt die Partei- und Staatsführung es nicht, im Sinne einer wirtschaftlichen und damit auch politischen Liberalisierung weiterzugehen, da sie offensichtlich – wie im Fall Hongkong ersichtlich – um ihren Machterhalt fürchtet. Hinzu kommt die Hongkong-Krise, deren ungewisser Ausgang China sowohl außen- wie auch innenpolitisch schaden könnte. Außenpolitische Erfolge Chinas in den Jahren 2018/19, insbesondere eine zunehmende Hinwendung Nordkoreas zu einer chinesischen Schutz- und Vermittlerrolle im Atomstreit mit den USA wie auch das große Erdölgeschäft Chinas mit Iran, können das äußere Profil Pekings auch gegenüber der EU stärken, die genannten Risiken jedoch nicht entkräften. Unter deutscher EU-Ratspräsidentschaft soll nun 2020 ein Gipfeltreffen aller Mitgliedstaaten der EU mit China stattfinden, bei dem unter anderem auch ein europäisch-chinesisches Investitionsschutzabkommen unterzeichnet werden könnte, das unter anderem europäischen Unternehmen Sicherheit im Marktzugang gewähren soll. Die europäische

Außenpolitik bleibt damit für eine demokratisch-marktwirtschaftliche Orientierung Chinas gefordert.

13. Westbalkan

Seit dem von der NATO ohne Mandat des UNO-Sicherheitsrats 1999 geführten Kosovo-Krieg gegen Jugoslawien, der diesem vorausgegangenen Genfer Konferenz über das frühere Jugoslawien und der sich anschließenden Staatswerdung von Bosnien-Herzegowina ist der Westbalkan politisch nicht mehr zur Ruhe gekommen. So haben Serbien und Kosovo ihren territorialen Streit trotz aller Vermittlungsbemühungen von UNO und EU unvermindert fortgesetzt. Die von möglichen Beitrittsvorteilen ausgehende Gestaltungskraft ist in der Region verblasst. Anhaltende ethnische Spannungen um ein von Serbien befürchtetes Großalbanien und aus diesen Profit ziehende nationalistische und korrupte Politiker gefährden weiterhin die innere und äußere Stabilität der Westbalkanländer. Wie im Ukraine-Konflikt kreuzen sich hier westliche und russische Einflüsse und führen zu wirtschaftlichen und politischen Unruhen im Westbalkanraum. So hat auch das Dayton-Abkommen über die künftige Staatsform von Bosnien-Herzegowina vorwiegend aufgrund ihm immanenter serbisch-kroatischer und bosnischer Gegensätze sich bisher als nur beschränkt haltbar erwiesen.

Der Traum kosovarischer Volksführer, sich einem Großalbanien, wenn nötig auch gewaltsam, anzuschließen, bleibt eine Illusion. Als Stabilisierungsmittel wird von EU-Kommission und Rat allerdings ein möglicher Beitritt zur EU propagiert. Dies, obwohl die intensiven Gespräche der EU mit den Westbalkanstaaten im Rahmen eines Stabilisierungs- und Assoziierungsprozesses, der auf eine spätere mögliche Mitgliedschaft zielt, aufgrund der politischen Gegensätze und Reformverweigerungen der meisten Politiker der jeweiligen Balkanländer nur schleppend vorangehen. Allein die Beitrittschancen für Nordmazedonien sind seit Beendigung des Namensstreits mit Griechenland erheblich gestiegen.

Die UNO-Resolution 1244 beendete die jugoslawische Souveränität über Kosovo und errichtete eine internationale Administration zur Verwaltung des Territoriums und zur allmählichen Förderung einer Selbstverwaltung des Landes, das allerdings zu einer Art Spielball der an der Kosovo-Lösung beteiligten Großmächte wurde. Russlands Ringen mit den Westmächten um eine bestimmende Rolle auf dem Westbalkan hat sich auch nach der Kosovo-Krise fortgesetzt. Noch heute hält Russland dem Westen vor, ohne Absicherung durch den UNO-Sicherheitsrat mit der NATO als politisch-militärischem Instrument Jugoslawien zur Abtrennung der Provinz und Hinnahme einer internationalen Verwaltung Kosovos mit dem Ziel späterer Autonomie veranlasst zu haben. Die entscheidende UNO-Resolution 1244 kam allerdings ohne eine substanzielle Mitwirkung der die EU im Sicherheitsrat vertretenden europäischen Staaten zustande. Die Rolle der europäischen Außenpolitik im Fall Kosovo konnte daher nur eine sehr beschränkte sein und ist dies bis 2019 geblieben. Es gelang der europäischen Außenpolitik in den letzten zwei Jahrzehnten nicht, bei der Stabilisierung einer unabhängigen Verwaltung des Landes und einer Befriedung der nationalen Gegensätze zwischen den dortigen Albanern und Serben merkliche Fortschritte zu erzielen. Das Risiko eines bewaffneten Konflikts besteht dort weiterhin. Auch beim Westbalkan-Treffen in Berlin (April 2019) gelang es Bundeskanzlerin Merkel und Präsident Macron, unterstützt von der EU-Außenbeauftragten Mogherini, nicht, eine befriedigende konkrete Lösung für den festgefahrenen Konflikt zwischen Serben und Kosovaren über das Szenario eines Landtauschs zwischen Kosovo und Serbien zu erzielen. Ob das Vorgehen von Merkel und Macron, einen Gebietstausch Kosovo – Serbien kategorisch abzulehnen, für eine dauerhafte Einigung der beiden Balkanländer nützlich und weitblickend war, steht dahin. In Kosovo herrscht zudem Streit über mögliche Kriegsverbrechen des derzeitigen, Albanien nahestehenden Staatspräsidenten Thaçi. Neuerliche Bemühungen der amerikanischen Diplomatie um einen „historischen Deal" zwischen Serbien und Kosovo sind offenbar weniger von dem Wunsch politischer Stabilisierung in der Region, als dem Interesse von Präsident Trump an einem raschen Abzug noch in Kosovo stationierter amerikanischer Soldaten bestimmt. Die Politik Serbiens richtet sich heute offenbar weniger auf einen EU-Beitritt als auf territoriale Kompensationen im serbisch besiedelten Nordkosovo und Teilen der serbischen Republik in Bosnien.

Erschwerend für das Bemühen der EU um eine stärkere Annäherung des Westbalkan-Schlüssellands Serbien an die Europäische Union wirken sich im Übrigen – ungeachtet der intensiven Wirtschaftsbeziehungen des Landes zu einzelnen Mitgliedstaaten der EU – die engen Sonderbeziehungen Belgrads mit Russland aus, die politisch-historisch begründet sind, wirtschaftlich jedoch hauptsächlich durch die Versorgung Serbiens mit russischem Erdgas, die sich durch eine neue Rohrleitung durch die Türkei noch erhöhen könnte, gefördert werden. Serbien hat als „strategischer Partner" Russlands auf dem Balkan für Moskau eine Sonderstellung in der Region. Häufige Besuche des russischen Präsidenten Putin unterstreichen das.

Der Umstand, dass Russland als Gegenspieler der EU auftritt, kann nicht verwundern, wenn man die historische Entwicklung im Westbalkan mit den von Österreich-Ungarn im 19. Jahrhundert betriebenen Annexionen und die gegensätzliche Position des zarischen Russland bedenkt. Damals wie heute beweist sich die Schlüsselrolle Serbiens als Führungsmacht der Westbalkanregion. Nach Westen übt Belgrad bestimmenden Einfluss mittels der „Republika Srpska" in Bosnien-Herzegowina aus, im Süden könnte Kosovo erneut zum Streitfall zwischen Serbien und Albanien werden. Mit der Unterzeichnung eines Stabilisierungs- und Assoziierungsabkommens kam die EU 2008 Serbien weit entgegen. Die möglicherweise von Russland geschürten Demonstrationen und Unruhen in Serbien, die sich gegen den als EU-freundlich geltenden Staatspräsidenten Vučić richten, und politische Morde im – angeblich befriedeten – Kosovo zeigen dort eine bedenkliche politische Situation. Nach Russland tritt nunmehr überraschend auch China als wirtschaftlich, finanziell und politisch machtvoller Mitspieler auf dem Feld des Westbalkan auf. So könnte die von der EU ursprünglich als transnationales Prestige-Infrastrukturprojekt geplante Autobahn über Serbien und Kosovo nach Albanien durch den von China kreditierten Bahnbau von Budapest nach Kroatien und weiter nach Belgrad gefährdet sein. Die Westbalkan-Politik der EU sollte daher nicht den Forderungen der in den dortigen Staaten mächtigen reformfeindlichen Eliten und der sie stützenden Mächte nachgeben und keine übereilten Konzessionen etwa im Sinne erleichterter Beitrittsbedingungen zusagen. Rat und Kommission der EU sollten die Warnungen vor einem „Overstretching" bereits saturierter Großmächte beachten. So sind die Staats- und Regierungschefs der EU bei ihrem Treffen in Sofia (Mai 2018) mit den sechs Partnerländern des Westbalkan zu Recht nicht über eine Bestätigung der „europäischen Ausrichtung" der beitrittswilligen Partnerstaaten hinausgegangen, ohne konkrete Beitrittsversprechen zu machen. Präsident Macron hält begründetermaßen als französische Position fest, dass sich die EU vor einer Aufnahme weiterer Länder selbst reformieren müsse und distanziert sich damit von Beschlüssen des Europäischen Rats vom Jahr 2000 über mögliche weitere Beitritte. Auch Bundeskanzlerin Merkel lehnte – zu Recht – ein Zieldatum 2025 ab. Die gemeinsame europäische Außenpolitik im Bereich Kosovo war nicht erfolgreich. Sie hat in fast zwei Jahrzehnten dort kaum substanzielle Veränderungen hin zu bleibender Friedenssicherung erreicht[26]. Die EULEX-Mission zur Wahrung der dortigen Rechtsstaatlichkeit blieb ohne sichtbare Ergebnisse[27]. Eine dauerhafte politische Lösung der Gegensätze zwischen albanischer und serbischer Volksgemeinschaft in Kosovo wurde nicht erzielt.

Die gemeinsame europäische Außenpolitik im Westbalkan hat sich jedoch gegenüber Mazedonien bewährt. Hier gelang es der EU, in jahrelangen schwierigen Verhandlungen eine Einigung zwischen Griechenland und Mazedonien in der brisanten Streitfrage um die bisherige Staatsbezeichnung zu erreichen, die mit der Anerkennung des neuen Staatsnamens „Nordmazedonien" zur Stabilisierung der zwischen albanischer Minderheit und slawischer Mehrheit gespaltenen Bevölkerung beitrug.

14. Die GASP der EU in den Vereinten Nationen

Zu Recht ist von berufener diplomatischer Seite[28] auf die weiterhin hohen Hürden für eine einheitliche EU-Vertretung im UN-Sicherheitsrat hingewiesen und dabei von einer seit 1998 anhaltenden Werteschleife gesprochen worden. Gegen einen einheitlichen EU-Sitz waren in der Tat bisher Frankreich und England. Weder die Verträge von Amsterdam noch die von Nizza und Lissabon sehen die Möglichkeit eines einheitlichen EU-Sitzes im Rahmen von GASP oder ESVP vor.

Art. 34 des Vertrages von Lissabon verlangt lediglich ein koordiniertes Auftreten auf internationaler Ebene und eine Unterrichtungspflicht der Sicherheitsratsmitglieder sowie eine mögliche Darlegung des Standpunkts

---

26 Vgl. Thomas Brey: „Die Politik von EU und USA im ehemaligen Jugoslawien ist gescheitert"; „Neustart für den Balkan", IP Mai/Juni 2020, S. 76.

27 Diese Rechtsstaatmission der EU war bereits 2008 für eine Zeit von zwei Jahren angelaufen und sollte ein nachhaltiges Rechtssystem in Kosovo schaffen. An ihr waren ca. 1800 Justizspezialisten und Polizisten aus der EU und aus Drittstaaten beteiligt (vgl. Gemeinsame Aktion 2006/304/GASP zur Einsetzung von EUPT Kosovo, ABl. L112 vom 26.4.2006, S. 19).

28 Vgl. Ingo Winkelmann, S. 376 f.

der EU im Sicherheitsrat durch den Hohen Vertreter der Union für Außen-
und Sicherheitspolitik. Damit wird dem außenpolitischen Interesse der EU
und ihrer Mitgliedsstaaten in der UNO weitestgehend Rechnung getragen,
ohne die in der deutschen Öffentlichkeit mehrfach laut gewordenen Forderung nach Europäisierung des französischen Sitzes im UN-Sicherheitsrat
(auch nur) auszusprechen. Rechtlich kennt die VN-Charta auch keine Mitgliedschaft von Staatenverbänden, sondern nur von Staaten. Ein Abstim-
mungsprozess unter 25 Partnern für einen einzigen ständigen Sitz im
Sicherheitsrat wäre kaum zu bewältigen[29] und erschient daher unrealistisch.

---

29 Ingo Winkelmann, S. 322.

V. Schlussbetrachtung

Die Betonung „europäischer Souveränität" durch Staatspräsident Macron und die neue Präsidentin der EU-Kommission, von der Leyen, bei ihrer Amtsübernahme am Ende 2019 verdeutlicht, dass für die Durchsetzung der europäischen Eigeninteressen die EU und ihre Mitgliedstaaten sich weder politisch noch militärisch künftig auf den bisher hilfreichen amerikanischen Beistand verlassen sollten. Insbesondere wirtschaftspolitisch sind die USA zu einem scharfen Konkurrenten der EU geworden.

Die amerikanischen Truppenabzüge aus Syrien und Afghanistan sowie insbesondere die politischen Spannungen zwischen den USA und Iran belasten die europäisch-amerikanischen Beziehungen auch außenpolitisch, ohne dass eine europäische Außenpolitik die bisher während der Präsidentschaft Trumps getroffenen, für den Westen weltpolitisch negativen Entscheidungen der USA verhindern konnte. Viele europäische Bürger unterstützen – wie Meinungsumfragen ergeben – zwar verbal eine gemeinsame, von den USA unabhängige europäische Außenpolitik. Zweifelhaft erscheint jedoch, ob sich hieraus auch eine größere Bereitschaft zu mehr europäischer Handlungsfähigkeit in der Außen- und Sicherheitspolitik ergeben würde. Die hier untersuchten Beispielfälle europäischer Außenpolitik seit dem Vertrag von Lissabon zeigen hierzu ein äußerst unterschiedliches Bild. Den Erfolgen europäischer Diplomatie, wie das EU-Türkei-Flüchtlingsabkommen, die – vorläufige – Aufrechterhaltung des Atomabkommens mit Iran und das handelspolitische Plus des Mercosur-Abkommens mit Staaten Lateinamerikas, stehen negativ gegenüber das Abseits der EU im Syrien-Konflikt, die fehlenden Fortschritte in der Nahost-Frage für eine Zwei-Staaten-Lösung und ein weitgehendes Versagen der EU in ihrer Mittelmeer- und speziell Flüchtlings- und Migrationspolitik. Das gleiche – bisher eher negative – Bild europäischer Politik zeigt sich im Dauerkonflikt mit den USA um die Bewahrung der multilateralen Wirtschafts- und Friedensordnung. Durch einen EU-Austritt Großbritanniens und den damit verbundenen Verlust eines außenpolitisch, wirtschaftlich-finanziell und militärisch wichtigen Partners dürfte sich der Manövrierraum europäischer Außenpolitik weiter reduzieren. Trotz dieser Problematik muss es jedoch im europäischen

Interesse bleiben, durch Einwirken auf die Regierung der USA in multilateralen und bilateralen Treffen sich der durch einseitige amerikanische
Entscheidungen drohenden Schwächung gesamtwestlicher Interessen entgegenzustellen – so etwa bei der im November 2019 erfolgten Kündigung des
Weltklimapakts. Dies hat Präsident Macron mit Unterstützung durch China
für die EU in Peking unternommen. Bisher hat sich die EU immerhin gegenüber der amerikanischen Aufkündigung des Nuklearabkommens mit Iran
als außenpolitisch stabilisierendes Element und „Friedensmacht" bewährt.

Auch das Verhältnis europäischer Außenpolitik zu Russland – als größ-
tem europäischen Nachbarn im Osten – blieb in der vergangenen Dekade
nicht spannungsfrei. Hier hätte eine Verbesserung der auch durch europäisches Ungeschick gefährdeten politischen Beziehungen im Vordergrund
außenpolitischer Bemühungen stehen müssen. Dies ist nicht geschehen.
Damit wurden die für die EU zur Lösung der syrischen Flüchtlings-/Mig-
rationskrise notwendigen politischen Kontakte mit Moskau nicht genutzt.
Das Engagement der europäischen Außenpolitik gegenüber der Russischen
Föderation blieb vielmehr – unter dem Einfluss der Ukraine-Krise und der
folgenden westlichen Sanktionen gegenüber Moskau – eher schwach und
initiativlos. Ob der vom neuen ukrainischen Staatspräsidenten Selenskyj
gegebene positive realpolitische Anstoß zu politischen Lösungen des Konflikts durch Truppenentflechtung als erster Schritt von der europäischen
Diplomatie im Format des seinerzeitigen Minsk-Abkommens aufgegriffen
und mit Hilfe der sogenannten „Steinmeier-Formel" vertieft werden kann,
ist noch nicht geklärt. Dabei würde die europäische Außenpolitik erneut
durch Deutschland und Frankreich, also im sogenannten „Normandie-
Format", vertreten sein. Die Ukraine, Russland und die OSZE haben sich
offenbar zur Realisierung des Minsker Friedensabkommens soweit geei-
nigt, in der Ostukraine Wahlen nach ukrainischem Recht durchzuführen.
Unmittelbar danach würde ein Autonomiestatus für diese Gebiete innerhalb
der Ukraine provisorisch in Kraft treten. Damit wäre laut Bundeskanzlerin Merkel ein Fortschritt erreicht, ohne dass aber deswegen bereits die
europäischen Sanktionen gegen Russland aufzuheben wären. Erschwerend
könnte sich jedoch auswirken, dass nationalistisch-rechte Kräfte innerhalb
und außerhalb des ukrainischen Parlaments die vom Staatspräsidenten
geforderte politische Lösung zur Realisierung des Minsker Abkommens zu
blockieren versuchen. Ein positiver Abschluss der laufenden Verhandlungen

zum Status der Ostukraine würde insgesamt einen ganz erheblichen Erfolg für die östliche Außenpolitik der EU bedeuten. Wirtschaftspolitisch haben sich die Beziehungen zwischen EU und Russischer Föderation in den letzten Jahren trotz bestehender westlicher Sanktionen und russischer Gegensanktionen durchaus positiv weiterentwickelt. Die kürzlich erfolgte Zustimmung Dänemarks zur Abschlussverlängerung der zweiten Ostsee-Erdgaspipeline könnte dem russischen Erdgasexport in die EU einen weiteren Aufschwung verleihen.

In der europäischen Außenpolitik nehmen die Kontakte mit China zumeist durch bilaterale, aber gleichzeitig die EU repräsentierende Blitzbesuche europäischer Politiker in Peking und anderen chinesischen Metropolen laufend zu. Schneller als früher angenommen hat die EU in ihrer Außenpolitik die Größenordnung und Bedeutung einer wirtschaftlichen und politischen Dynamik Chinas nach Westen erkannt. Das „Europa der 28" sieht sich hier mit einer neuen, umfassenden machtpolitischen Herausforderung konfrontiert, während die zunehmend unsicher agierende bisherige Ordnungsmacht USA immer mehr bereit ist, ihre bisherige Rolle als Wächter der globalen Ordnung aufzugeben, destabilisierende Elemente einbringt und in Eskalationsstufen mit Straf- und Vergeltungsmaßnahmen große Verunsicherung in die Weltwirtschaft und Weltpolitik bringt. Es kann für die EU und ihre Mitgliedstaaten allerdings nicht zweifelhaft sein, dass die machtpolitisch konzipierte chinesische „Belt and Road Initiative" sowohl wirtschaftlich wie politisch europäische Schwachstellen wie Griechenland, Italien und einige ost-/mitteleuropäische Staaten zum Angriffsziel hat, wobei China auch wirtschaftlich-finanzielle Druckmittel einsetzt, um seine großen wirtschaftlichen und politischen Interessen in Europa massiv durchzusetzen. Bisher ist es jedoch der EU – anders als in ihrer Russland-Politik – gelungen, hier ein für beide Seiten eher vorteilhaftes Verhältnis herzustellen. Vieles in der künftigen Entwicklung der Beziehungen zu China wird von den politischen Kontakten der EU mit der chinesischen Staatsführung durch das EU-China-Gipfeltreffen 2020 unter deutscher EU-Präsidentschaft abhängen. Es sollte die Bereitschaft der chinesischen Parteiführung testen, künftig mit der EU als Partner einer multilateralen Weltordnung zu kooperieren und trotz chinesischer machtpolitischer Expansion die europäischen wirtschafts-, außen- und sicherheitspolitischen Interessen auch in den Staaten der Dritten Welt zu berücksichtigen. Dabei könnte die EU in der Entwicklung ihrer gemeinsamen Außenpolitik gegenüber der Weltmacht China darauf abzielen, dem „strategischen Wettbewerber" europäische Geschlossenheit auch gegenüber dessen Kreditangeboten zu demonstrieren. Die EU und insbesondere die östlichen Mittelmeeranrainer und die ost-/mitteleuropäischen Staaten müssen gegenüber China, bei allem Interesse an einer weiterhin intensiven wirtschaftlichen und politischen Beziehung, neben dem Angebot einer „Europäisierung" der chinesischen Unternehmensstrukturen eine nachhaltige Abwehrstrategie gegenüber dem chinesischen Versuch einer wirtschaftlichen und politischen Aufspaltung der Einheit der Union entgegensetzen. Dies sollte nicht nur für das geografische Europa gelten, sondern vielmehr auch für die mit Krediten unterfütterte Einflussnahme Chinas auf Staaten der Dritten Welt, so etwa in Afrika. Andererseits bieten sich hier und auch in Asien Möglichkeiten eines Zusammenwirkens Europas und Chinas zur Stabilisierung und Entwicklung von Ländern der Dritten Welt nachdrücklich an. Derartige Projekte könnten vom neuen Außenbeauftragten der EU, Josep Borrell, initiiert werden. Der wachsende Einfluss Chinas in der Welt reflektiert zweifellos Europas politische und wirtschaftliche Schwäche. Eine Strategie unter Wahrung europäischer Geschlossenheit und konziser europäischer Führung, auch durch den Hohen Vertreter als Repräsentant einer auf Kooperation ausgerichteten angemessenen Antwort an China, wäre notwendig. So hat Präsident Macron mit dem chinesischen Präsidenten Xi in einer gemeinsamen Absichtserklärung die Haltung der EU zum Pariser Klimaschutzabkommen als „irreversibel" bezeichnet und damit eine gemeinsame Position der EU mit China bezogen.

Der schwache außenpolitische Handlungswille sowie die mangelnde Handlungsfähigkeit der Europäischen Union haben sich in der Vergangenheit eklatant im Syrien-Konflikt gezeigt. Obwohl durch den syrischen Bürgerkrieg mit Millionen Flüchtlingen nachhaltig und direkt betroffen, hielt sich die EU, von humanitären Hilfeleistungen und einigen Militärflügen abgesehen, das gesamte vergangene Jahrfünft abseits. Die EU und ihre Mitgliedstaaten nützten auch nicht den 2019 erfolgten Abzug amerikanischer Truppen aus Nordsyrien und überließen den freiwerdenden geopolitischen Raum bedingungslos dem Diktator Assad und seinem Verbündeten Russland. Das hier festzustellende völlige Versagen der europäischen Außenpolitik wurde umso mehr evident, als offensichtlich keine Versuche unternommen wurden, durch ein Abkommen mit Russland und Assad, etwa nach dem Muster des EU-Türkei-Abkommens von 2016, Flüchtlinge auf freiwilliger Basis – mit finanzieller Unterstützung der EU – nach Syrien zurückzuführen. Die Türkei mit ca. 3,6 Millionen Syrien-Flüchtlingen hätte in einem derartigen Abkommen beispielhaft als Vorbild dienen können. Eine gesamteuropäische Strategie war bisher weder in der für den europäischen Zusammenhalt vitalen Frage einer einheitlichen europäischen Behandlung der Flüchtlings- und Migrationsproblematik noch in dem für diese kausalen syrischen Bürgerkrieg erkennbar. Die schweigende Untätigkeit der EU zeigt sich auch bei der Behandlung der Syrien-Frage im UNO-Sicherheitsrat, in dem derzeit (bis Ende 2020) auch Deutschland als nichtständiges Mitglied vertreten ist. Anstelle gemeinsamer außenpolitischer Aktion als stärkstes Handlungsinstrument der GASP im Sinne der strategischen Interessen der Union[30] setzte die EU dem machtpolitischen Vorgehen Russlands, der Türkei und Assads in Syrien bisher lediglich humanitäre Apelle ohne realpolitische Wirkung entgegen. Die gemeinsame europäische Außenpolitik steht in Syrien noch vor diffizilen diplomatischen Aufgaben, da durch die zu erwartende Liquidierung der Enklave Idlib durch syrisch-russische Militäraktionen große Flüchtlingsströme von bis zu 2 Millionen Menschen nach Europa zu befürchten sind. Eine Beteiligung Europas am Wiederaufbau Syriens erscheint realpolitisch für die EU zwingend geboten, um, zumindest in der Endphase des Syrien-Konflikts – gegebenenfalls mit russischer Unterstützung –, gesamteuropäische Interessen in Syrien zur Geltung zu bringen und damit einer weiteren „Völkerwanderung" aus dem Nahen Osten nach Europa vorzubeugen. Assad regiert, ungeachtet aller von ihm – und bereits von seinem Vater – begangenen humanitären Missetaten einen von der UNO anerkannten und legitimierten Staat. Die EU wird nicht umhinkommen, diesem Faktum auch in ihrer Außenpolitik gegenüber dem syrischen Regime Rechnung zu tragen. Noch sind die Botschaften der Mitgliedstaaten der EU in Damaskus existent und können wichtige Schritte für den Wiederaufbau des Landes und in Richtung einer gewissen Lockerung und Demokratisierung unternehmen, wenn sich ihre Regierungen darüber einig sind.

Eine Befriedung Syriens wäre ein entscheidender Schritt europäischer Politik in Richtung einer Lösung der für die EU weiterhin bedrohlichen

---

30 Art. 22, 25 EUV Liss.

Flüchtlings- und Migrationsströme aus der Nahostregion und aus Afrika. Wenn auch einzelstaatliche Abmachungen gesamteuropäische Initiativen – die jedoch weiterhin ausstehen – nicht ersetzen können, so ist dennoch etwa das Vorgehen wechselnder italienischer Regierungen, zumindest mit der anerkannten libyschen Regierung in Tripolis und den Herrschaft im Hinterland ausübenden libyschen Machthabern „Stillhalteabkommen" abzuschließen und damit in Vertretung wichtiger europäischer Interessen im Schlüsselland Libyen stabilisierend zu wirken, europapolitisch positiv zu bewerten. Italien hat hier, wie auch Spanien mit Marokko, vertraglich eine wichtige Vorreiterrolle für die EU im Nahost-Bereich unternommen. Einzelne Mittelmeerstaaten wie Italien, Griechenland, Frankreich und Spanien garantieren heute durch Einwirken auf die Staaten des Nahen Ostens den größten Außenschutz für die Grenzen der EU, den die Union als solche bisher ihren Mitgliedsländern nicht gewähren konnte. Das „Europa der 28" zeigt sich in der zentralen politischen Frage modifizierter Abwehr arabisch-afrikanischer Zuwanderung allerdings weiterhin gespalten, richtungs- und hilflos. Der Brexit dürfte diese prekäre Situation der Europäischen Union noch verschärfen. Umso notwendiger wären innere Reformen der Mitgliedstaaten, wie sie auch Präsident Macron verlangt. Sie können nicht durch neue Beitrittsinitiativen, etwa auf dem Balkan, ersetzt werden.

Libyen ist – neben der Türkei – in der Flüchtlings- und Migrationspolitik zu einem Schlüsselstaat für den Außenschutz der Grenzen der Europäischen Union geworden. Während die EU als solche – wie in der Syrien-Krise – angesichts der libyschen innenpolitischen Situation und hierbei fehlender europäischer Geschlossenheit gegenüber der libyschen Regierung und den Streitparteien politische Zurückhaltung übt, hat die italienische Regierung wichtige Schritte unternommen, um durch Einwirkung auf die in Tripolis etablierte „Regierung der nationalen Übereinkunft" diese zu bewegen, die bisherigen, humanitär eher verrufenen dortigen Flüchtlingslager zu schließen und der UNO den Betrieb von Aufnahmezentren für Migranten zu erlauben. Auch wäre die libysche Regierung offenbar bereit, durch Modifizierung des italienisch-libyschen Abkommens vom 2. Februar 2017 zu einer Verbesserung der Flüchtlingslage in Italien beizutragen. Ferner strebt die jetzige italienische Regierung die Einrichtung von humanitären Korridoren für Migranten, die von der EU koordiniert und finanziert werden sollen, an. Von Seiten der italienischen Opposition wurde demgegenüber auf das – von

Italien unterstützte – Agieren der nationalen libyschen Küstenwache, die hohe Zahl von bisher mehr als 600.000 in Libyen befindlichen Migranten und die mögliche Einstellung nationaler libyscher Hilfe mit chaotischen Folgen für Italien und die gesamte EU hingewiesen. Falls es Italien gelingen sollte, mit der libyschen Regierung in Tripolis und den Machthabern in Ost- und Südlibyen dauerhafte Abmachungen zur Kontrolle der afrikanischen Flüchtlingszüge unter humanitären Bedingungen und UNO-Kontrollen zu erreichen, würden damit wesentliche Zielvorgaben der Flüchtlings- und Migrationspolitik erreicht, vorausgesetzt Italien würde die notwendige materielle und auch politische Unterstützung einer Mehrheit der Mitgliedstaaten der EU für diese Politik erhalten. Die italienische Regierung würde in diesem Fall stellvertretend im Sinne einer gemeinsamen europäischen Außenpolitik handeln[31].

Ein wichtiges, aber äußerst strittiges Kapitel europäischer gemeinsamer Außenpolitik stellt das künftige Verhältnis der EU zu den Staaten des West-balkan dar. Mit dem sogenannten „Berliner Prozess" sollten seit 2014 in diesen Ländern – trotz erheblicher innenpolitischer Widerstände – Stabilität und Reformen mit der Aussicht auf deren EU-Beitritt vorangetrieben werden. Nicht ohne Grund hat der kroatische Außenminister kürzlich auf die kroatische Minderheit in Serbien und die kroatische Regierungsteilhabe in Bosnien-Herzegowina hingewiesen. Dass diese Volksgruppenproblematiken durch einen Beitritt der Westbalkanstaaten zur EU zu bewältigen wären, dürfte nicht nur der französischen Politik fraglich erscheinen. Was jeden-falls Serbien – ein Kernland des Westbalkan – betrifft, so hat die kroatische Regierung kürzlich öffentlich auf die unbestreitbare Affinität Serbiens zu Russland hingewiesen. Von den sechs angeblich zutrittsbereiten Westbal-kanstaaten dürfte heute daher lediglich Nordmazedonien die für einen Bei-tritt zur EU erforderlichen Voraussetzungen erfüllen. Ein komplexes Kapitel für die EU bleiben vor allem Albanien und Kosovo. Zumindest für diese beiden Staaten dürfte das französische Beitrittsveto angesichts in der Praxis kaum durchgreifender Reformen begründet sein. Eine echte europäische Perspektive könnte es nur für diejenigen Balkanstaaten geben, in denen

---

31 Die italienische Regierung könnte sich dabei möglicherweise auf die seiner-
    zeit zur Durchsetzung wichtiger gemeinsamer Interessen der Mitgliedstaaten
    beschlossene gemeinsame Mittelmeerstrategie stützen (ABl. 183 vom 22.7.2000)

wirtschaftliche und rechtliche Reformen, Rechtsstaatlichkeit, Demokratie und Medienfreiheit in der Realität bestehen können. Die seinerzeitige Fehlbeurteilung der Glaubwürdigkeit der europäischen Perspektiven von Bulgarien und Rumänien sollte die EU zur Vorsicht mahnen. Vorschläge für nicht reformwillige Balkanstaaten, wie die Aufnahme in den Europäischen Wirtschaftraum, liegen auf dem Tisch und sollten als Alternativlösung zu einer Mitgliedschaft von der EU sorgfältig erwogen werden. Ein Aufwerfen der Beitrittsfrage für die Westbalkanstaaten würde im Übrigen erneut die Frage eines Beitritts der Türkei zur EU aktualisieren, der bereits 2002 mit dem Beschluss von Helsinki der Kandidatenstatus gewährt wurde, sodass sich, gewichtiger als die Westbalkan-Frage, in aller Schärfe hier die Frage nach dem Verhältnis von zukünftiger Erweiterung und Vertiefung der EU in Richtung Ankara stellen könnte.

Ein aktives gemeinsames Vorgehen in den Problembereichen des Nahen Ostens sollte sich im Hinblick auf die große Bedeutung der Flüchtlings- und Migrationsproblematik für die europäische Stabilität nicht nur auf Passagestaaten wie die Türkei und Libyen beschränken. Offen bleibt, ob die europäische Annäherung an Kairo das Abseitsstehen der EU im Syrien-Konflikt und bei einer Nahost-Friedensregelung auszugleichen vermag. Auch menschenrechtliche Bedenken gegenüber dem überaus harten Vorgehen des ägyptischen Regimes gegen die Opposition, vor allem aber gegen die Moslembrüder, zwingen die EU zu einem schwierigen Balanceakt in ihrer Realpolitik gegenüber Ägypten, um die europäische Strategie einer Stabilisierung des Nahen Ostens und Afrikas durchzusetzen und eine Verbindung starker russischer mit chinesischer Einflussnahme in diesem Bereich zu verhindern. Kurzfristig erwartet die EU nunmehr auf Basis der mit Ägypten verfolgten außenpolitischen Absprachen ein Flüchtlings- und Migrationsabkommen, das nach dem Vorbild der 2016 zwischen der EU und der Türkei abgeschlossenen Vereinbarung eine stärkere Kontrolle der nach Ägypten fließenden Flüchtlingsströme aus Afrika ermöglichen würde. Ägypten hat hierfür von sich aus, durch entsprechende Transferverbote von seiner Mittelmeerküste aus, eine substanzielle Vorleistung im Sinne des Forderungskatalogs der EU erbracht. Die sich sehr positiv entwickelnde wirtschaftliche Zusammenarbeit der EU und europäischer Unternehmen mit Ägypten bietet eine gute Grundlage für die weitere Entwicklung der europäisch-ägyptischen Beziehungen.

Eine gemeinsam ausgeführte europäische Außenpolitik muss über das Fernziel einer Stärkung der EU in Nahost bald an die Grenze ihrer außenpolitischen Einflussmöglichkeiten gelangen, falls sie nicht die Außen-, Wirtschafts- und Entwicklungspolitik wie auch die europäische Verteidigungspolitik nachhaltig sowohl zur Stabilisierung der Mittelmeerregion wie des großen Nachbarkontinents Afrika in ihr außenpolitisches Handeln einbezieht. Die große Bedeutung der seit Jahrhunderten bestehenden europäisch-afrikanischen Schicksalsgemeinschaft, im Guten wie im Bösen, zeigt sich in der Gegenwart erneut im notwendigen Zusammenwirken der EU und ihrer Mitgliedstaaten mit den Staaten der Afrikanischen Union zur Steuerung und Kanalisierung der Flüchtlings- und Migrationsströme. Zur wirtschaftlichen und politischen Stabilisierung von hierfür offenen und bereiten afrikanischen Staaten ist von der EU Realpolitik gefragt. Dazu gehören marktwirtschaftliche Unterstützung, die Reduzierung des afrikanische Bauern schädigenden Agrarexport-Dumpings der EU, größere Möglichkeiten für afrikanische Exporte nach Europa und – wie von China bereits demonstriert – europäische Kredite für afrikanische Mittelstandsunternehmen, aber auch militärische Hilfen für die Staaten der Sahelzone. Die Europäer, konfrontiert mit einer immer fahriger regierenden Ordnungsmacht USA, die nicht mehr bereit ist, ihre bisherige Rolle als Wächter der globalen Ordnung auszufüllen, haben eine große Verunsicherung auch in Afrika festgestellt. Die EU als mächtige Interessenvertretung Europas in der Welt könnte angesichts der weitreichenden Herausforderungen der internationalen Lage hier stabilisierend wirken. Sie scheint dazu jedoch angesichts ihrer internen Zerstrittenheit sowie mangelnden Interesses und daher fehlender Bereitschaft afrikanischer Staaten, insbesondere südlich der Sahara, für eine politischen Zusammenarbeit mit der Europäischen Union, vor allem im Fall der Rückführung afrikanischer Flüchtlinge, nicht voll handlungsfähig.

Eine weltpolitische Rolle auszufüllen hat die EU im vergangenen Jahrzehnt mit wachsendem Erfolg in Lateinamerika versucht. Dem Streben einiger lateinamerikanischer Staaten nach enger wirtschaftlicher Verbindung mit der EU ist die deutsche Regierung durch Außenminister Maas mit Hinweis auf eine vertiefte Partnerschaft, eine „Allianz der Multilateralisten", entgegengekommen. Wie weit hier ein Gegengewicht zu den nach eher bilateralen Schwerpunkten orientierten Beziehungen Washingtons mit dem brasilianischen Präsidenten Bolsonaro gesetzt werden sollte, bleibt offen. Insbesondere Deutschland hat in der EU gerade in der letzten Zeit eine starke Affinität zu den Ländern der lateinamerikanischen Region als politische und Wirtschaftspartner bekundet. Der in der EU durchaus umstrittenen Behandlung der Venezuela-Krise – die europäischen Sanktionen gegen das Maduro-Regime wurden im November 2019 verlängert – steht als positive europäische Lateinamerika-Politik der Vertragsabschluss mit dem Mercosur gegenüber, vorausgesetzt die nationalen europäischen Parlamente stellen ihre Agrarinteressen hinter die Verbindung mit den vier Staaten Brasilien, Argentinien, Uruguay und Paraguay und den Freihandel mit diesen zurück. Besondere Beachtung sollte auch die vorsichtige politische Behandlung Kubas durch die EU finden.

Ausblick

Die EU und ihre Mitgliedstaaten waren seit den 1970er Jahren bemüht, ihre wirtschaftlich bedeutende Stellung in der Welt durch eine möglichst gemeinsame Außen- und Sicherheitspolitik abzustützen und abzusichern. Die Ausarbeitung und Umsetzung dieser Politik, bei der die Union „mit einer Stimme" sprechen wollte, kam seit den Anfängen der EPZ zwar nur langsam voran. Sie musste auch Rückschläge, etwa in der östlichen Nachbarschaftspolitik gegenüber der Ukraine und dem Verhältnis zu Russland und auch den USA, hinnehmen, wie auch interne Blockaden, so bei der fehlenden Einigung über eine gemeinsame Flüchtlings- und Migrationspolitik. Dennoch hat sich die gemeinsame europäische Außenpolitik – zuletzt personifiziert in der Außenbeauftragten Federica Mogherini – im vergangenen Jahrfünft im Dialog und durch Verträge mit wichtigen internationalen Partnern zumindest partiell bewährt. Diese insoweit positive Bilanz demonstrieren das zwar fragile, aber bisher eingehaltene Flüchtlingsabkommen mit der Türkei, der Abschluss eines Freihandelsabkommens mit der lateinamerikanischen Mercosur-Wirtschaftszone und die bislang gelungene Verhinderung eines neuen Nahost-Krieges durch das europäische Festhalten am Atomabkommen mit Iran. Der notwendige Brückenschlag über das Mittelmeer in der Migrationspolitik über Libyen hinaus wie die Bildung einer europäischen Verteidigungsunion mit einer von dieser ausgeübten militärischen Interventionsmöglichkeit in für die EU sicherheitspolitisch sensitiven Regionen und die Beteiligung an einer afrikanisch-europäischen Freihandelszone werden allerdings Prüfsteine für die zukünftige europäische Außenpolitik sein.

Die internationalen Entwicklungen des letzten Jahrzehnts haben erneut verdeutlicht, dass auf sich selbst gestellte europäische Staaten heute nicht mehr in der Lage sind, weltpolitischen Einfluss im Sinne der Berücksichtigung oder Durchsetzung europäischer Interessen auszuüben. Nur durch gemeinsames Handeln können die Europäer ihre politischen Anliegen international durchsetzen. Bedingung hierfür war und ist die Geschlossenheit der außenpolitisch handelnden Mitglieder der EU. Der innere Zusammenhalt der Europäischen Union – und damit die Union selbst – muss gewährleistet sein, um wirkungsvoll gemeinsamer europäischer Außenpolitik weltpolitische Beachtung zu sichern. Eine „gemeinsame Außenpolitik" sollte auch nicht nur in sporadisch zu weltpolitisch wichtigen Geschehnissen abgegebenen Erklärungen bestehen – wie sie vom Außenministerrat und den Hohen Vertretern häufig abgegeben wurden, ohne dass daraus stets der Wille zu gemeinsamem außenpolitischem Handeln erkennbar wurde. Im Hinblick auf die Spannweite auswärtigen Handelns der EU müsste der Begriff „gemeinsame Außenpolitik" weiter gefasst werden als früher. Politische Schlüsselbereiche, die in den Kern gemeinsamer europäischer Politik nach außen gehören, sind heute auch die Außenwirtschafts- und Entwicklungspolitik. Die gemeinsame Handelspolitik der EU ist bereits zu einem Stück gemeinsamer Außenpolitik geworden. Die Außenwirtschaftspolitik auf der Grundlage gemeinsamer politischer Direktiven umschließt denn auch das außenpolitisch prekäre, humanitär umstrittene Feld der „Waffenexportpolitik".

In der Öffentlichkeit wird darüber hinaus laufend gefordert, dass Europa außenpolitisch mehr mit einer Stimme sprechen solle. Das setzt allerdings voraus, dass die einzelnen Mitgliedstaaten der EU tatsächlich auch eine gemeinsame Politik auf allen wesentlichen Bereichen nach außen betreiben und dass diese gemeinsame Position institutionell in der weiteren Stärkung der Rolle des Hohen Vertreters ihren Ausdruck findet. Die Ausarbeitung und Umsetzung einer derartigen gemeinsamen Außenpolitik sollte weiterhin den nach dem Vertrag von Lissabon zuständigen institutionellen Organen GASP, Außenministerrat, PSK und HR zugewiesen bleiben. Entscheidende Schlüsselfrage für ein konstruktives Funktionieren gemeinsamer europäischer Außenpolitik bleibt jedoch die notwendige Reform des Einstimmigkeitsprinzips und seine definitive Ersetzung durch den Mehrheitsentscheid. Darauf hat Kommissionspräsident Juncker Ende Oktober 2019 nochmals zu Recht hingewiesen.

Neben dem Ziel einer gemeinsamen europäischen Außenpolitik der Mitgliedstaaten der EU auf Basis des Vertrags von Lissabon (2009) steht als weiterer Kernbereich auswärtigen Handelns der EU eine gemeinsame europäische Sicherheits- und Verteidigungspolitik. Nicht nur die Ukraine-Krise im Osten Europas, sondern der Syrien-Bürgerkrieg wie die explosive Situation in der gesamten Nahostregion haben die Grenzen der außenpolitischen Einflussmöglichkeiten der EU realpolitisch verdeutlicht. Eine gemeinsame europäische Sicherheits- und Verteidigungspolitik, gestützt von einer europäischen Rüstungspolitik, wäre, wie bereits in Ansätzen deutlich, parallel zur europäischen Verteidigungspolitik im NATO-Rahmen gerade auch anstelle des nachlassenden Engagements der bisherigen amerikanischen Hegemonialmacht prioritär durch ein deutsch-französisches Zusammengehen im europäischen Kontext realistisch. Dies sollte auch die Möglichkeit der Ersetzung des amerikanischen durch einen britisch-französischen Atomschirm zukünftig nicht ausschließen. Eine zur Erweiterung ihrer außenpolitischen Einflussmöglichkeiten gestaltete europäische Sicherheitspolitik mit dem Zentrum einer entsprechend der französisch-deutschen Vorschläge gestalteten europäischen Verteidigungsunion kann diejenigen Staaten umfassen, die zu größeren Schritten der Zusammenarbeit in diesem sensiblen politischen Bereich bereit wären, während die übrigen Mitgliedstaaten später folgen würden.

Mit der bisher eher beschränkten Rolle der Europäischen Union in den internationalen Krisen des letzten Jahrzehnts, wie sie die oben genannten Beispiele aufzeigen, ist die EU weder ihrer europäischen Verantwortung noch einer globalen Rolle gerecht geworden. Die bedrohlichen internationalen Krisen der jüngsten Vergangenheit erforderten nicht allein die Verfestigung der bestehenden – von der EPZ überkommen – intergouvernementalen Kooperation in außen- und sicherheitspolitischen Bereichen, sondern eine stärkere Konzentration auf gemeinsame Politik im Sinne ihrer Bündelung und Vertiefung. Schließlich stellt sich hier auch die Kernfrage nach den zukünftigen außen- und sicherheitspolitischen Entscheidungsmechanismen der Europäischen Union. Sollen diese weiterhin intergouvernemental

bleiben – mit all ihren Schwächen? Oder bedarf nicht das bestehende außenpolitische Konstrukt mit dem Hohen Vertreter für Außenpolitik und dem
PSK eines noch stärkeren außenpolitischen Exekutivorgans zur Umsetzung
unmittelbarer Beschlüsse des Außenministerrats?

Das Europa der EU steht im Jahr 2020 vor einer Reihe außenpolitischer
Herausforderungen, die ihrerseits gemeinsame unpopuläre Entscheidungen der europäischen Regierungen erfordern. Die Folgen des Konflikts im
Nahen Osten, insbesondere in Syrien durch den Zugriff der Türkei auf
die nordsyrischen Kurdengebiete, der Jemen-Krieg Saudi-Arabiens und der
Emirate, der libysche Bürgerkrieg und das Scheitern des Westens (NATO
und EU) in Afghanistan überfordern sichtlich die europäische außen- und
sicherheitspolitische Aktionsbereitschaft. Ungeachtet der derzeit eher zöger-
lichen Behandlung der Flüchtlings-/Migrationskrise in der EU verlangt
die Einengung ihrer Ursachen eine weitere Schließung der „Balkanroute"
durch Ertüchtigung des Abkommens EU – Türkei und eine Entlastung Grie-
chenlands, ferner ein entschiedeneres Vorgehen der Mitgliedstaaten hin zu
weiteren koordinierten Kontrollen der aus Afrika über Libyen führenden
Mittelmeerrouten, was eine einheitliche, politisch dauerhafte Lösung impliziert, die es bisher nach Ersatz der europäischen Marinemission „Sophia"
durch die schwächere „Irini" nicht gegeben hat und die eine verlässliche
Beteiligung Italiens erfordert.

Die zentralen Schlussfolgerungen aus den im Jahrzehnt nach Lissabon
von der EU und ihren Mitgliedstaaten verfolgten außenpolitischen Rich-
tungen zeigen daher ein gemischtes Bild. Während es dem „Europa der
28" gelang, trotz Kündigung durch die USA das Atomabkommen mit Iran
vorerst zu retten und damit verhängnisvollen Spannungen im Nahen Osten
entgegenzuwirken, ferner die Sanktionen gegen Russland aufrechtzuerhalten, was eine definitive Lösung für den Streitfall Ostukraine durch direkte,
von der EU unterstützte ukrainisch-russische Verhandlungen zu eröffnen
scheint, und schließlich mit dem handelspolitisch wichtigen Assoziierungsabkommen mit dem lateinamerikanischen Mercosur einen europäischen
Großerfolg zu erzielen, blieb die EU in den Krisen Syrien, Libyen und Irak
weiter im Abseits, was den Flüchtlings- und Migrationsstrom in die EU zu
befördern droht.

Die Außenpolitik der EU zeigt sich bisher weltpolitisch im UNO-
Sicherheitsrat als Politik der einzelnen europäischen Mitgliedstaaten – darauf

bedacht, ihren jeweiligen nationalen Souveränitätsanspruch zu wahren. Diese starre, national betonte Haltung der Mitgliedstaaten hat auch durch die Verträge von Amsterdam und Lissabon keine wesentliche „europäische" Änderung erfahren. Andauernde Apelle aus dem Europaparlament oder der Öffentlichkeit, in der europäischen Außen- und Sicherheitspolitik zu substanziellen Mehrheitsentscheidungen zu kommen, haben sich bisher als fruchtlos erwiesen.

Das Gesamtbild gemeinsamer europäischer Außenpolitik im neuen Jahrtausend ist daher unbefriedigend. Die durch die Verträge von Amsterdam und Lissabon etablierte zentrale Stellung des Hohen Vertreters hat sich jedoch im Grunde bewährt. Durch seinen Vorsitz im Rat für Auswärtige Angelegenheiten und sein Initiativrecht ist er aktiver Mitgestalter der gemeinsamen Außenpolitik. Bereits durch seine fünfjährige Amtszeit verfügt der HR über eine weitaus größere außenpolitische Erfahrung als die jeweilige – auf sechs Monate terminierte – Ratspräsidentschaft und kann auf dieser fachlichen Basis seiner internationalen Erfahrungen den ihm von der Ratspräsidentschaft erteilten Auftrag zum außenpolitischen Dialog mit Drittstaaten effektiver wahrnehmen als nationale Außenminister. Angesichts der noch auseinanderfallenden außenpolitischen Positionen der ost-/mitteleuropäischen, westeuropäischen und südeuropäischen Mitgliedstaaten der EU könnte der HR zukünftig zu einem Angelpunkt größerer Geschlossenheit zwischen ER, Außenministerrat und außenpolitischer Weltsicht der Mitgliedstaaten werden. Durch seinen Vorsitz im Rat für auswärtige Angelegenheiten und sein Initiativrecht ist er aktiver Mitgestalter der gemeinsamen Außenpolitik. Bereits durch seine fünfjährige Amtszeit verfügt der HR über eine weitaus größere außenpolitische Erfahrung als die jeweilige Ratspräsidentschaft und kann auf dieser fachlichen Basis seiner internationalen Erfahrungen den ihm von der Ratspräsidentschaft erteilten Auftrag zum außenpolitischen Dialog mit Drittstaaten effektiver wahrnehmen als nationale Außenminister.

VI. Literaturverzeichnis

Bericht zur Europäischen Union, Leo Tindemans, Bulletin des Communautés européennes Sup. 1/76

Die Genscher-Colombo-Initiative – Baustein für die Europäische Union, Ulrich Rosengarten, Baden-Baden 2008

Diplomatie in einer Epoche des Umbruchs, Berndt von Staden, Berlin 2005

European Foreign Policy, Dieter Mahncke / Alicia Ambos, Brüssel 2004

Europäische Außenpolitik, Jens-Christian Gaedtke, Paderborn 2009

Entwicklung der GASP Europas und das Verhältnis zur Türkei, Hasan Şahingöz, Saarbrücken 2014

GASP der Europäischen Union in den Vereinten Nationen, Ingo Winkelmann, Potsdam 2011

Diplomatie jenseits des Staates, Julia Lies, Baden-Baden 2013

Vertragsübergreifende Abkommen – Die GASP in internationalen Übereinkünften der EU, Elizaveta Samoilova, Baden-Baden 2016

„Frankfurter Allgemeine Zeitung" (FAZ)

Magazin „Internationale Politik" (IP)

Jahrbuch der Europäischen Integration 2018

VII. Abkürzungen

ABl.	Amtsblatt (der EU)
ASEAN	Verband Südostasiatischer Nationen
AU	Afrikanische Union
CELAC	Gemeinschaft der lateinamerikanischen und karibischen Staaten
COREU	Correspondance européenne (Kommunikationsnetz von EWG/EG/EU/EPZ)
EAD	Europäischer Auswärtiger Dienst
EG	Europäische Gemeinschaft
EP	Europäisches Parlament
EPG	Europäische Politische Gemeinschaft
EPZ	Europäische Politische Zusammenarbeit
ER	Europäischer Rat
ESVP	Europäische Sicherheits- und Verteidigungspolitik
EU	Europäische Union
EVG	Europäische Verteidigungsgemeinschaft
EVP	Europäische Volkspartei
EWG	Europäische Wirtschaftsgemeinschaft
GASP	Gemeinsame Außen- und Sicherheitspolitik
GSVP	Gemeinsame Sicherheits- und Verteidigungspolitik
GUS	Gemeinschaft unabhängiger Staaten
HR	Hoher Vertreter (Außenbeauftragter der EU)
IS	Islamischer Staat
KSZE	Konferenz für Sicherheit und Zusammenarbeit in Europa
Mercosur	Gemeinsamer Markt Südamerikas
MFR	Mehrjähriger Finanzrahmen (der EU)
NATO	Nordatlantikpakt
OSZE	Organisation für Sicherheit und Zusammenarbeit in Europa
PESCO	Ständige Strukturierte Zusammenarbeit
PK	Politisches Komitee

PKA	Partnerschafts- und Kooperationsabkommen (der EU mit Osteuropa)
PSK	Politisches und Sicherheitspolitisches Komitee
UNHCR	Hoher Flüchtlingskommissar der Vereinten Nationen
UNO	Vereinte Nationen
WTO	Welthandelsorganisation